浅井宏純

アフリカ大陸一周ツアー

大型トラックバスで26カ国を行く

GS

まえがき

ぼくは２００９年11月から約10カ月かけて、アフリカ大陸一周の旅をした。ジブラルタル海峡を船で渡り、モロッコから西アフリカ、中央アフリカを南下、ケープタウンで折り返し、東アフリカを北上してカイロまで、計26カ国。走行距離は約４万キロメートル、地球を一周したのとほぼ同じだ。

33年前、株式会社海外教育コンサルタンツ（ＥＤＩＣＭ《エディクム》）という会社を立ち上げ、ずっと留学の仕事に携わってきた。世界各国の学校を日本の小中高校生に紹介しながら、心のどこかでいつも留学にチャレンジする子どもたちをうらやましく思っていた。

そのＥＤＩＣＭが日本に紹介する留学プログラムに「クラスアフロート」というのがある。「浮かぶ教室」という意味で、船で世界中を巡りながら学ぶ学校だ。カナダで設立され、20年以上の実績を持っている。ぼくはこの船に乗りたかった。世界各国から集まった子どもたちが約1年もの間、船で旅をしながら寝食を共にして勉強をする。そんな生活に憧れがあった。だが、これはあくまで中学高校生向けのプログラムであり、ぼくが参加することはできなかった。

そんな矢先、カナダ人の知り合いが「アフリカ大陸を一周する、大型のトラックバスがあるんだ。知っているか」と教えてくれた。

オーバーランドトラックという荷台を改造した大型トラックバスに20人前後の人間が乗り込み、各国を旅してまわるツアーだ。「クラスアフロート」が海路なのに対して、こちらは陸路を行くというもの。〝オーバーランド〟とは地続きで国を越えて旅するという意味合いだ。日本ではなじみの薄いオーバーランドトラックだが、欧米の人々にとってはごく当たり前の旅行手段で、誰もが気軽に利用しているそうだ。

アフリカといえば、「ジャングル大帝レオ」の舞台だ。幼いころからレオが大好きで、ぼくにとっては永遠の憧れ、いつか行ってみたいと思っていた大地でもある。

心に火がついた。無性に、その大型トラックバスに乗ってアフリカを旅したくなった。海外へ飛び立つ子どもたちに負けない挑戦を、今のうちにしておきたいという気持ちも急速に強くなっていく。「漂泊の思いやまず」のぼくは、アフリカへ行ってから役に立つかもしれないと思い、茶道教室へも通い始めた。お茶の文化は海外で喜ばれると聞いていたからだ。気づくと、ひっそり旅じたくに取りかかっていた。

家族に話したところ、娘たちは「好きにしたら」と言ったが、妻は猛反対。「そんな危険なところへ1年も行くなんてどういうつもり!?　なぜ一周しなくちゃいけないの？　まだ、大学生の子どももいるのに、生活費はどうするの!?」と怒った。そんな妻に対して説得を何度も繰り返した。「予防接種はしっかり受けていく」「ネットがつながる場所に着いたら必ず日本へ連絡を入れ、近況を報告する」と妻の心配を払拭《ふっしょく》するための約束をいくつも交わした。1年かけてようやく承諾を得ることができたのだった。

出発前、「いつ死んでもいいように準備しているみたい」と妻が驚くほど、本や書類、洋服をこれでもかというくらい大量に処分した。

仕事も辞めた。

そのときはあまり意識していなかったが、一つのけじめをつけたかったんだと思う。それと少し覚悟みたいなものもあったのかもしれない。一人の生身の人間のままでアフリカの大地に対峙《たいじ》したかったんだと思う。

まったく不安がなかったわけではない。それどころか正直怖くてしかたなかった。「紛争に巻き込まれたらどうしよう」「マラリアになったり、大きなケガをしたらどうしよう」などと考えては、憂鬱になったりもした。

でも、自分で決めたことだ、あれこれ考えてもしかたない。万が一、危険な目に遭いそうだったり、病気になったりしたら、無理せず、我慢もせず、その場から逃げ帰ってこよう。見栄より命の方が大切、「生き続ける」ことが大事だ。そんなふうに開き直って考えたら、気持ちもすっきりし、腹をくくることもできた。

アフリカはどこも貧しかったが、想像以上に人々はタフで元気だった。悲壮感など微塵《みじん》もなく、むしろパワーをもらうことが多かった。

また、訪問したアフリカ26カ国で出会った人たちだけでなく、世界13カ国から集まり、オーバーランドトラック「オアシス号」で一緒に旅した仲間たちからも、実にさまざまなことを学んだ。出発前まではほとんど意識していなかった貧困、国際援助のあり方、環境問題、動物などにも関心を持つようになり、おのずと視野も広がった。

他では絶対にできないことをこの旅でたくさん経験し、多くを得ることができた。そんなオアシス号で見聞きしたこと、不思議に感じたこと、驚いたことをレポートしようと思う。これをきっかけに、ぼくが見たアフリカの姿を知ってもらえれば、とてもうれしい。

アフリカ大陸一周ツアー／目次

2学期 キリン、ゾウ、なんでも全部食べちゃった

3学期　野生の王国と冒険のパラダイス　153

オアシス号のアフリカ大陸一周ツアー

ルートマップ

Trans Africa (40 Weeks) UK to Cairo by Oasis Overland Ltd

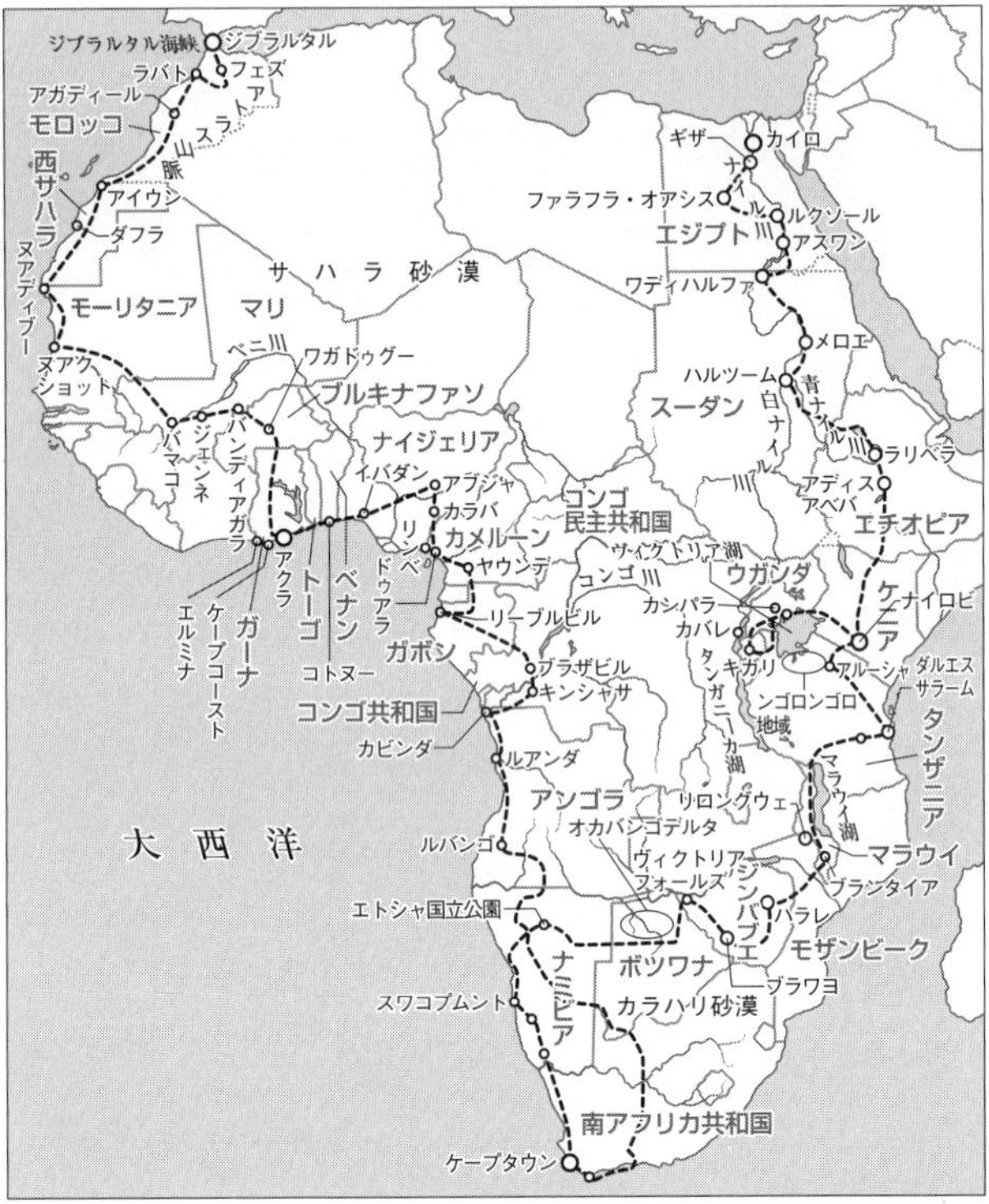

序章 旅の始まり

冒険旅行会社へのアプローチはメールで

オーバーランドトラックでのツアーを運営する会社はいくつかあったが、ぼくは比較検討もせず、カナダ人の知り合いに勧められたオアシスオーバーランド社（以下、オアシス社）に直接連絡した。イギリスに拠点を置く冒険旅行会社だ。

ちょうど出発の1年前から、オアシス社のホームページにアクセスし、メールでの問い合わせを始めた。料金はもちろんのこと、旅行のスケジュール内容、旅行に伴うリスク、どんな人が参加するのかなど、気になることは何でもメールで質問した。回答はすぐに得られることも多かったが、一向に返事が来ないこともあった。不思議に思っていたのだが、返事が遅れる理由は、実際にこのツアーへ参加してからわかった。すべての質問をイギリス本社のスタッフが答えているわけではなく、内容によっては、アフリカ一周ツアーに同行しているサブリーダーのアンディという女性が、トラックで移動しながら答えていたのである。

旅の途中、ネット環境はいいところと悪いところで雲泥の差があった。アンディからの返事がときどき遅れたのも無理はない。同時に、イギリス本社とアフリカの現地、両方からメールの返事をもらっていたのだという事実に驚いた。

集合場所は、イギリス・ガトウィック空港

「予定していたロンドンでの渡航前ミーティングは中止になりました。ガトウィック空港でお会いしましょう。添付のEチケット（ガトウィック発ジブラルタル行き）をプリントアウトして持参してください」

これが、出発2週間前に自宅へメールで届いた集合案内だった。ぼくは、イギリスのヒースロー空港から空席だらけのシャトルバスに乗って、50分かけてガトウィック空港まで移動した。空港内のホテルに一泊し、翌日、集合場所へ。事前に届いた案内には、具体的な集合場所が記載されていなかったので、とりあえずジブラルタル行きの搭乗手続きカウンターへ向かった。

カウンターの前にはすでに行列ができており、何人かが大きなバックパックをかついでいる。ぼくが25キログラムもある重いバックパックを背負ってヨロヨロしていると、がっしりとした体格で、身長も2メートルほどありそうな若者が「重いのか。大丈夫か」と言って手を貸してくれた。赤ブチサングラスに赤いヘッドホンをつけた若者も「日本人か？」と声をかけてきた。ぼくたちに気づいた金髪の若い女性2人も近寄ってきた。同じオアシス社のオーバーランドトラック、オアシス号に乗り込むことは、お互い自然に雰囲気でわかる。

約2時間のフライトで、スペインの南端ジブラルタル空港に到着する。「スペインに到着だ！」とぼくが歓声を上げたら、「ここは、イギリス領だ」と後ろから声がした。この男もオ

アシス号に乗り込む一人だった。イベリア半島に位置しているので、てっきりスペイン領だと思っていたが、違っていた。ジブラルタルはイギリス領だった。

ジブラルタル空港は、滑走路の南側がイギリス領で北側がスペイン領となっている。イギリス領に到着したぼくたちは、パスポートの開示のみで税関を通過し、滑走路の中央を横切っている道路を渡った。

滑走路を横断した先にあったゲート近くにオアシス号のクルーの姿があった。リーダー兼運転手のグランツと助手のアンディだ。どちらも30代後半。グランツはニュージーランド人の男性、アンディはスロバキア人の女性。2人とも腕が太くたくましい。ジーンズにフリースのベスト、ビーチサンダルというラフな格好から、旅慣れた印象を受ける。

2人のまわりにバックパッカーがぞろぞろと集まり始めた。二十数名いるのでこれで全員が集合したと思いきや、サブリーダーのアンディが「オランダから直行しているカレンという女性がまだ到着していないの。もう少し待って」と大きな声で呼びかけた。その間、互いに名前だけの簡単な自己紹介を交わした。

カレンが到着すると、リーダー、グランツの後を追いながら、全員がアリの行列のように歩いて荷物を抱え、移民局へ向かった。ジブラルタルはスペインとの国境近くにある。いったんここでスペインへ入国し、一泊するという。

手続きを済ませ、駐車場へ向かうと、ポツンと一台、黄色い大きなトラックが停まっていた。「わあ」「おおっ！」と歓声が上がった。ぼくたちのトラック、オアシス号だった。

「ロンドンからこれに乗って来たかったよ」と誰かがグランツに言った。

「窓ガラスもないし、シートベルトもない。イギリスとフランスでは客を乗せて走る車検の条件を満たしていないから走れないんだ。だから、ここまでみんなには飛行機で来てもらった。このオアシス号は、アフリカ仕様のトラックなんだ」

オアシス号は3軸10輪の大型トラック

オアシス号はスウェーデンのスカニア社製の大型トラックを改造している。スカニア社は世界的にも有名なトラックメーカーで、日本では日野自動車が輸入している。

全長約10メートル、幅は約2・5メートル。日本でいう10トン車ほどの大きさだ。運転手と助手席を除き、乗客24名が乗り込めるようになっている。ちょうどトラックの荷台の部分に設置した、窓をつけた箱の部分が客室になる。昔のパリ・ダカールラリーで走っていた車のようなボディがかっこいい。

悪路を走破するために、3軸10輪。前が2輪、後ろ2軸にダブルタイヤで8輪だ。予備タイヤは4つ、後部に備えてある。巨大な予備ガソリンタンクもあるので、ガソリンスタンドがなくても、1週間くらいは給油なしで走破できる。

運転席の左右のドアは外からもU字型の頑丈な鍵がかかるようになっている。トラック内には隠し金庫が2カ所設置されていた。おかげでパスポートや現金、クレジットカードをトラックに置いて行動できた。セキュリティに関しては万全なのもオアシス号の魅力だ。

病人が出たときも安心だ。運転席後部、キャビン側前方に、一段高いBOX型のベッドが設置されているからだ。ふだんはBOXの上にクッションが置かれ、ソファとして使われている。その真上の天井が開くので、オープンカー気分で景色も眺められる。みんなから「ビーチ」と呼ばれている特等席なのだが、病人が出れば、毛布などを敷き、ベッドとして活用。運転席からもキャビン側からも隔離されているつくりになっているので、病人も、人に気を使わず休めるわけだ。

かつてネルソン・マンデラは、収容されたロベン島刑務所を「闘いの学校（University of Struggle)」と呼んだが、ぼくはこのオアシス号を勝手に「移動教室（Class Overland)」と呼ぶことにした。黄色い車体がまるでスクールバスのように見えたからだ。

実際、旅をしている間、何かしら疑問や質問を投げかけると、誰かがそれに反応し、答えてくれた。まさに「人生の教室」そのものだった。

トラックの上方、人が座っている場所が「ビーチ」。モーリタニア旧国道は砂浜で、移動中に満潮になった。潮の満ち引きにより国道が見え隠れした

乗降用のタラップは後方にある

運転席真上の物置きが薪を置く場所

移動中の車内(キャビン)の様子。ファーマーたちがふざけている

夜はテントで就寝

アンディがトラック後方にある5段タラップを降ろしてくれ、そこから一人ずつ乗り込んだ。乗車した人数と名前の確認をするとすぐに出発し、1時間ほど走って水道もトイレも設置されているキャンプ地に到着した。夕方近くだった。

オアシス号のエンジン音が消えると、アンディが「各自トラックからテントを降ろして。それから、テントは2人ずつ。相棒を決めてここに集合」と指示した。あまりにもテンポが速すぎてついていけず、ボーッとしていると、一人の男性が「どうだい、ぼくと一緒になるか」と声をかけてくれた。名前はスティーブ・スティーブンソンという。覚えやすい名前だ。イギリス人で56歳、ぼくと同じ年代だった。5分ほどで他のみんなもテントの相棒を決めていた。

次にアンディはテントの張り方の実演指導を始めた。テントはけっこう重かったが、2人での作業だったので比較的すんなり設営できた。

テントも張り終え、ひと息つくとスティーブが「自己紹介だ」と言って、チキチキバンバン号と名づけたオフロードトラックの写真を見せてくれた。そのトラックで、友だちとオーストラリア大陸を横断したのだという。冒険が大好きなイギリス紳士だった。キャンプの経験も豊富そうだったので心強かった。

手前は一人用の網テント。星空を見るために張った。他は通常の丈夫なテント

キャンプ場で宿泊するときはテントを張る場所で悩むことがない

料理当番は交代制

「料理当番を決めるわ。これは3人で一組。テントの相棒と組んでもいいし、別々になって他の誰かと組んでもオーケー」とアンディ。これまた判断は参加者にゆだねられる。ぼくのチームはスティーブとぼく。3人目が決まらず困っていたら、スティーブがまだ場になじんでいない雰囲気のアジア人女性を見ながら、「彼女を仲間に入れよう。女性だから料理は得意かも。それにアジア料理はうまいから」と言い、彼女に声をかけた。マレーシア人のキャロリンだった。しかし、この期待は大きく外れることになる。キャロリンは料理が嫌いなだけでなく、わがままだった。ぼくのチームは料理当番のたびに嫌な思いを繰り返した。

「料理チームは8組。週一回のサイクルで当番がまわってくると覚えておいて。テント番号1番の組は？」とアンディがたずねた。一人の男性が手を上げた。「あなたの名前は？　ルークね。あなたたちが最初の料理当番よ。明日からお願いね。材料の買い出しも当番の仕事。私が予算分のお金を渡すので、自分たちでメニューを考えて食材を調達して。今夜は、私とグランツで料理をするからよく見ていてね。まず、火をおこすの。薪はトラックの運転席の上の箱に入っているからそこから取ってね」

アンディたちが料理のしたくをしている間に、トラックに常備された小さな折り畳み椅子を持ち出し、みんなで焚《た》き始めた火を取り囲んだ。ホッとしたのもあってか、ようやく互いに自

昼食の準備。昼は火を使わず、野菜、缶詰の魚、豆、パンなどを簡単に調理した

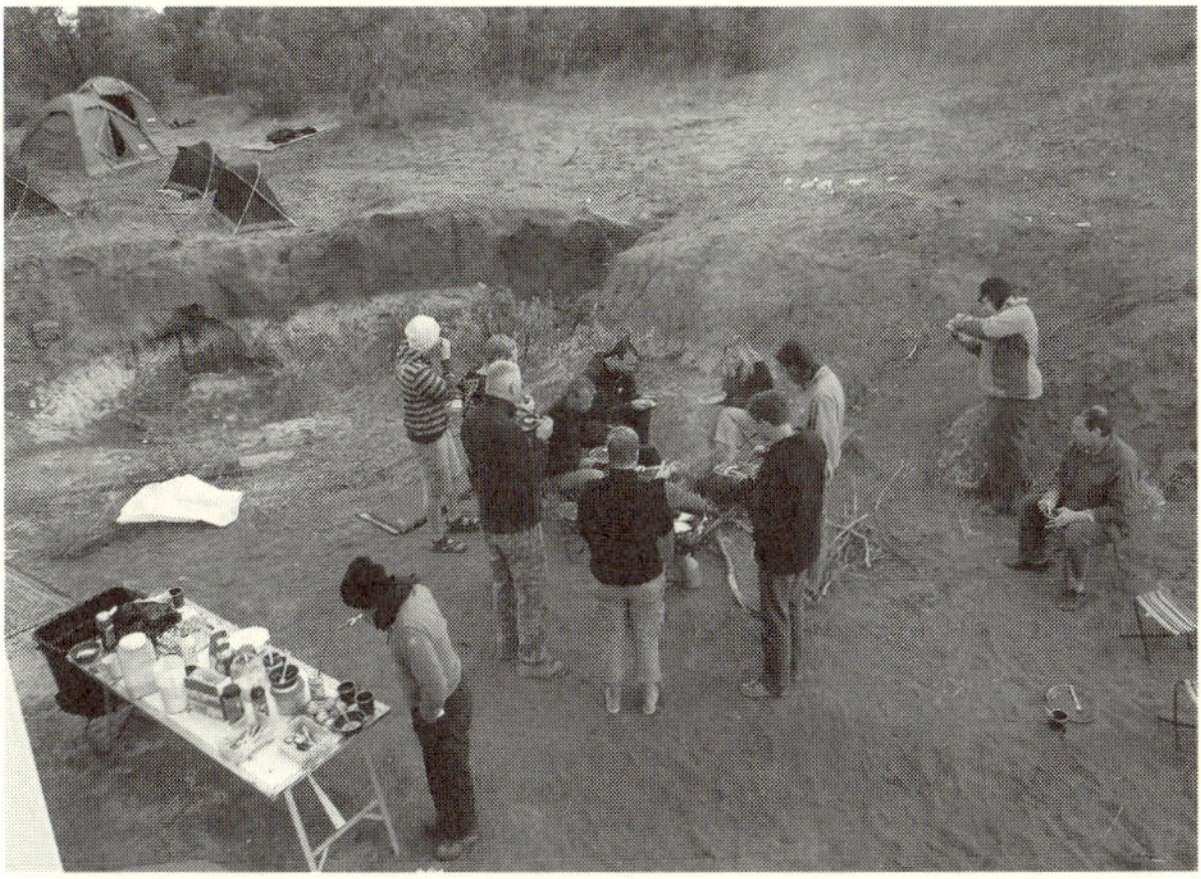

夕食の準備。料理担当は忙しいが、他の人はコーヒーなどを飲んでくつろぐ。太陽が沈む前に準備を終えるようにした。暗くなれば明かりが少ないため大変になる

己紹介を始めた。

世界13カ国から集まったオアシス号の仲間たち

ここで、同じオアシス号に乗車した仲間を紹介しておこう。

ファーマー イギリス人男性、18歳。赤ブチサングラスの若者。気のいいプー太郎の風情。

マーカス ドイツ人男性、26歳。電気機械技師。身長が2メートルほどもある。

ベッキー カナダ人女性、29歳。獣医。以前も友人キュースティンとアフリカを旅行している。足首にかわいいカメとゾウのタトゥあり。

キュースティン カナダ人女性、28歳。逆立ちが得意な元体操選手。獣医。

ジェフ イギリス人男性、35歳。税理士として活躍している。

カレン オランダ人女性、30代後半。ジャーナリスト。個人行動が多かった。

ジェイコブ デンマーク人男性、30代後半。高校教師。有給休暇を利用し、モロッコからガーナまでの旅を楽しむために参加。

マルコ フィンランド人男性、30代前半。通信エンジニア。アーノルド・シュワルツェネッガーのような体格の大男。

ヤーナ　フィンランド人女性、30代前半。小学校教師。マルコの彼女。長期休暇で婚前旅行。

デビ　イギリス人女性、39歳。心理カウンセラー。「職業がら、気分転換がときどき必要なの」と長期休暇を取り、アフリカへ。

スー　ニュージーランド人女性、30代半ば。オフィスワーカーとして働いていたが、失恋の痛手を癒すため（?）、オアシス号で旅することに。

ジャック　オランダ人男性、53歳。バツイチ。以前はロシア人の奥さんがいたそう。現在は、会社員。ネイチャーガイドとしても活躍している。定年後、デンマークで環境を学ぶ予定。

スティーブ・スティーブンソン　イギリス人男性、56歳。ぼくの最初のテントの相棒。

デビッド　イギリス人男性、50代前半。会社経営者。新規事業を手がける前に休暇で参加。

リック　イギリス人男性、52歳。「子どもが大きくなったので離婚できた、せいせいしたよ」と笑う長距離トラック運転手兼ヨットの先生。

ケビン　オーストラリア人男性、39歳。オーストラリアとイギリスの二重国籍。金融に勤めていたが、リーマンショックのあおりを受けたことをきっかけにオアシス号に参加した。

ルーク　アメリカ人男性、35歳。元海兵隊員でボーイスカウトのリーダー。

キャロリン　マレーシア人女性（アメリカ二重国籍）、年齢不詳。イギリスで中学、アメリカで高校、大学、大学院を修了。

ブライアン　アイルランド人男性、22歳。大学院生。格闘技が趣味。
スティーブ　イギリス人男性、30代半ば。独身。旅行会社勤務。
ダン　イギリス人男性、20代後半。資源開発の仕事に携わっている。
キム　オーストラリア人女性、30代前半。整体師。ファッションモデルのような容姿。
ジョー　オーストラリア人女性、45歳。離婚経験あり。成人した息子がいる。

そして、ぼく。みんなにはヒロと呼ばれた。日本人男性、55歳。

自己紹介のおかげで、参加者のことが少し見えてきた。ぼくのような中高年から18歳の若者までいる。仕事を辞めて参加した人も意外に多い気がした。それぞれの個性や考え方など、詳しいことは、旅を通して少しずつ知っていくことになる。

たいていのものは大きな町で買える

夕食が終わると、アンディが翌日からのスケジュールを説明した。

「明日は7時から朝食。料理当番のルークチームは6時に起床ね。火をおこし、お湯を沸かして。最初だから私が手伝う。不安を感じなくても大丈夫よ。そして、朝8時に出発してスーパーマーケットに行きます。お酒やビール、洗剤、歯ブラシ、スナック類など、必要なものを各自で買ってください。トイレットペーパーや女性用ナプキンは買いすぎないで。かさばるから。大きな町に行けば、たいていのものは買えるので心配しないように。ショッピングの後はジブラルタル観光よ。自由に好きなところへ行って楽しんできてください」

この案内のあと、ぼくは疲れてダウンした。英語のスピードが速くてところどころ聞き逃したが、わからないことは翌日アンディに直接聞くことにし、テントの相棒、スティーブに「おやすみ」と告げて、先に眠らせてもらった。

翌朝。朝食はバターとハムのサンドイッチ。野菜はなかった。昼は、巨大なアメリカンタイプのスーパーマーケットでピザ。スーパーでは、スペインビールを2ダース、トイレットペーパー5ロール、洗剤、そして、スティーブに「安眠のために必要だ」と勧められ、大きめの枕と枕カバー、カフェオレがたくさん飲める大きな陶製のマグカップを買った。それにしても、こんなスーパーがあるなら、日本からここまで手ぶらで来てもよかった。いろいろ持参しすぎたことを後悔した。

午後になり、ぼくたちはスペイン領からイギリス領のジブラルタルへ再入国し、少し町を散策した後、スペインへ入国し、オアシス号でキャンプ地へ戻った。ジブラルタルと隣接するスペインはニュートラルゾーンとなっていて国境を感じさせない。出入り自由といった感じ。キャンプの場所は前日と同じだった。料理当番のルークたちはすでに夕食の準備を始めていて、トリ肉を使った焼き飯を作ってくれた。

あくまで自己責任型のツアー

食事の後、アンディからアドバイスがあった。

「アフリカでは予期せぬいろんなことが起こるの。でも、絶対に怒ってはダメ。怒ると事態を悪くするだけだから。笑顔で対応すること。困ったことがあれば、すぐに私に連絡して。それと、写真を撮るときは注意すること。橋や通信施設など政府関連の建物は許可なく撮らないで。軍や警察につかまり、カメラ没収どころではすまないこともあるから。昨年は警察に留置された人がいるのよ。人も同じ、撮っていいかどうか必ず確かめること。当たり前の礼儀よ。あなたたちだって、見知らぬ人からいきなり写真を撮られたら嫌でしょう。そうそう、お金を要求されることも多いけれど、それは自分で判断して」

注意はさらに続く。

「もの乞いする人にオアシス号の窓から何も与えないで。理由はそのうちわかるわ」

アンディの英語はスピードが速い上、オーストラリアの発音が混じっているせいか、聞きとりづらかった。そのため、彼女のそばへ行き、「もう一度ゆっくり話してもらえるかな」とお願いしたが、「後で誰かに聞いて」と言われてしまった。

事前ミーティングはこれだけだった。日本のように手取り足取り細かく話したり、注意事項をびっしりまとめた資料を渡すようなこともなかった。

最初はそれが不安だったが、日を追うごとに、注意深くみんなの行動を見ていれば、言葉がわからなくても、次に何をすべきかがわかるようになっていった。

オアシス号は、基本的に昼間移動し、次のキャンプ地には必ず日没前までに到着するようにしている。夜のドライブは危険を伴うので、たとえ日中50度になる砂漠地帯でも、移動する日は走り続ける。夜はトラック周辺にテントを張って、交代制で食事を作り、宿泊。首都などテントを張る場所のない大きな町では、ホテルや教会に許可を得てその脇にある空き地などを利用したりした。どこでキャンプするかは、経験値の高いドライバー、グランツが判断して決めてくれるので安心だ。

さらに、このオアシス号のツアーはあくまで自己責任型で、どんなふうに利用するかは個人の自由だ。つまり、途中入学や中途退学は自由自在、どこで乗車しても降りてもいい。

実際、ぼくが参加したときは、出発地点ジブラルタルから24名が乗り込んだが、途中、ガーナや南アフリカなどでずいぶんメンバーが入れ替わっている。

ちなみに、ぼくたちの料理チームにいたキャロリンは、オアシス号の旅行に不満ばかり言うので、グランツやアンディとも揉《も》めた。そこで話し合いの上、南アフリカのビッグホールで降ろされ、一人で帰ることになる。

協調性がなければ、本人の意思にかかわらず、「退学処分」もあり得るわけだ。

さて、次章からいよいよアフリカに上陸する。なお、オアシス号を「移動教室」と名付けたので、ぼくは学校のシステムにならい、アフリカを旅した期間を勝手に1学期から3学期、さらに最終学期と分けた。本書の章分けもそのようになっている。

1学期はカルチャーショックを受けまくったモロッコからガーナ、2学期は道なき道を行くようで過酷だったガーナから南アフリカまでの旅、3学期は、動物王国が広がり、一番〝行きたかった〟アフリカを満喫した南アフリカのケープタウンからケニアまで。そして、最終学期は厳しい砂漠の中を駆け抜けたケニアからエジプトのカイロまでとしている。

なお、本書で紹介している写真の多くはぼくが撮影したものだが、仲間が撮影した写真もある。写真を提供してくれたケビンをはじめとする仲間たちには感謝したい。ありがとう。

また、それぞれの国の国勢データは、外務省のホームページを参考にしている。

1学期 電気・水道がない？ そんなの当たり前

モロッコ

モロッコ王国
Kingdom of Morocco

- 人口｜約3123万人
- 旧フランス保護領
- 1956年独立
- 首都｜ラバト
- 通貨｜モロッコディルハム

夜は漆黒。暗闇の黒が美しい。でも、トイレからは戻れない

スペインの南端にあるイギリス領ジブラルタルから、オアシス号と共にフェリーで海峡を渡り、ようやくアフリカ大陸へ入った。最初に到着したのはスペイン領セウタだ。そこから数キロメートル走ると移民局の検問ゲートがあり、車が長い列を作っていた。

国境を越えてモロッコへ入国できたころにはすっかり日も暮れようとしていた。

「アフリカを一周するなら、11月にモロッコをスタートするのがベストだ。乾季雨季のタイミングがあるからな」と教えてくれたのはリーダー兼運転手のグランツ。ちょうどその日は２００９年11月11日だったからまさにグッドタイミングだ。

オアシス号はキャンプ地を目指し、夕方の海岸沿いを走っていた。いかにも高級リゾート地といった風情で、ゴージャスなホテルや建物が立ち並んでいた。ところどころに青色の屋根や、のぼりのような赤い旗が見えた。まるで町全体がマティスの描く絵画のような色彩だった。

モロッコ1日目のキャンプ地はシャウエンというところだった。電気がないので、日が落ちると夜は真っ暗になる。その黒さがとても美しいのだが、生活をするには不便だ。しかし、300日近くの旅のうち、約200日が電気のないところでのキャンプ生活だった。町や村そのものに電気がないところが多かった。

とりわけ11月のモロッコの夜は寒い。当然トイレも近くなる。寝酒で飲んだビールのせいか、もよおして目が覚めた。相棒スティーブを起こさないよう、テントのドアジッパーを静かに開き、細心の注意を払いながら外へ這《は》い出た。さくさくと灌木《かんぼく》を縫って場所を探し、月のない満天の星空のもと、気分よく用を足した。

愕然《がくぜん》としたのはその直後だった。ほんの少し歩いただけなのに、テントがどこにあるのかまったくわからなくなってしまったのだ。虫や鳥の鳴き声もない。トーチも足元の草を照らすだけで何の役にも立たなかった。真っ暗闇というより、大きな黒い影に覆われているような恐怖を感じた。

勇気を出してしばらく歩いたが見つからない。どっちに行けばよいのか完全にわからなくなった。幸いダウンジャケットを羽織って出たので寒さは何とか我慢できる。大声を出して仲間を起こすのもしのびないので、その場所をじっと動かないまま日の出を待つことにした。

どれくらい時間が経《た》ったのだろう。日の出と共にモスクからコーランの読誦が大音量で流れてきた。ニワトリたちの合唱も始まった。朝だ。ホッとして目を開けるとテントは目の前にあった。

まさか夜中のトイレで迷子になるとは。ちなみに、この旅を通して夜中にトイレへ行き、迷子になった者が2名、岩場で足を踏み外し、顔面にケガをしたのは1名だった。

道を聞く方が間違っている

モロッコで最初に滞在したのはフェズだ。9世紀に誕生したモロッコ最初のイスラム王朝の都である。1200年以上経った今も、城壁に囲まれた町は昔と変わらない。現在はユネスコの世界遺産にも登録されている。

ぼくは、フランス語が話せるジャックと町に出た。行きは市営バスを利用した。走行中、ドアがずっとバタバタと開閉している。ボロボロのバスなのに車内はラッシュ時の山手線並みの混雑。それでも年寄りが乗り込んでくると、若者たちは自然にその人のスペースを作る。

城壁に囲まれたフェズの町／撮影＝湯屋ひさし

ラクダの頭を売る、フェズの町の肉屋

途中のバス停から、両足膝下《ひざした》のない男が乗ってきた。若者たちはガヤガヤ言いながらも彼の車椅子を持ち上げ、乗るのを助けている。本人は自分の手で這ってステップをよじ登り、ジャックのちょうど真横、足場のないぎゅうぎゅう詰めの床にねじり込んで座ってきた。「これでいいんだよ」とジャックが微笑《ほほえ》む。

バスを降りて町を歩いていると、ラクダの頭を売る肉屋の並びに、モロッコの伝統衣装ジュラパを販売する店があったので立ち寄った。オーナーが出してくれた甘いミントティをいただきながら長々と値段交渉を楽しんだ。

雑談のなかでオーナーがぼくの職業を聞いてきた。ぼくは教育コンサルタントと言っても理解してもらえないし、説明に余計な時間がかかるので、「日本語の先生だ」と答えた。すると、「すぐそばに学校がある。モロッコで一番古い大学だ」と教えてくれた。

ぼくは、長い間、留学コンサルタントに携わっていたので、海外出張といえば、学校開拓、学校訪問だった。訪問先の学校だけでなく、近所で評判の学校があると聞けば、予約なしでも訪問していた。

だからこれはもう職業病だ。「一番古い学校がある」と聞いたとたん、うずうずしてきた。

「よし、行ってみよう!」とジャックと訪ねることにした。

ところが、オーナーの説明をたよりに歩き始めたものの、なかなか見つからない。ジャックがフランス語で地元の人にたずねると、みんな親切に教えてくれるのだが、わからない。さすが迷路の都、フェズだ。

とうとう日も暮れ始めてしまったので、ぼくとジャックは断念し、タクシーを拾い、キャンプ地へ戻ることにした。タクシーもまた古かった。30年以上前のベンツのポンコツで、シートベルトなどない。車だけでなく道もひどかった。信号がないし、あったとしても機能していないものが多かった。その上、運転手の運転も荒々しく、ひやひやさせられどおしだった。

後でアンディにその話をしたら、「道を聞く方が間違っている。みんな適当に答えるんだから」。確かにみんないいかげんだった。

アフリカでは「自殺」という言葉を知らなかった

フェズに次いで古く、かつてはモロッコの首都だったマラケシュで、イギリス人女性の心理カウンセラー、デビが小銭用の財布を盗まれた。

コブラ使いの大道芸人や、飲食物、雑貨の屋台がところ狭しと軒を並べ、混然としているジャマ・エル・フナ広場でのできごとだ。かつてはラクダのキャラバンがサハラ砂漠を旅する前に、最後の補給地として利用していた旧市街地の広場である。ぼくたちも食料や水の補給と観光を兼ねて滞在していたのだった。

集まってきた子どもたちに、ぼくもポケットに手を入れられた。「コラッ」と怒鳴っても平気。慣れているようだった。大人でも、ずるくタチの悪そうな連中がたくさんいて、決して治安がいいとはいえない。ぼくはデビが相当気落ちしているのではないかと心配し、声をかけた。だが、意外にも「大した金額じゃないから大丈夫。パスポートは腹巻にしまってあるから無事よ」とデビ自身はケロッとしていた。

そして、「混沌としていて窃盗も多いんだけれど、私、こんな町も好きなのよ。英語でこの広場は『Place of the Dead（死人の集会場）』って意味よね。でも、ここには死にたいと考える人は一人もいないんじゃないかな。みんな生きることに必死で忙しいし。自殺なんて単語はないでしょうね」と笑った。

彼女はロンドン近郊の公立病院に勤務する心理カウンセラーで、自殺未遂者の面倒も見ている。何年かに一度、長期休暇を取って旅に出たり、オーバーランドトラックへ参加したりするのは、キツイ仕事を長く続けるため。自分の精神状態をリフレッシュするための「仕事」の一環なのだそうだ。

デビとはジンバブエまでの約6カ月間、旅を共にした。ヒンバ族など少数民族の集落や、各地の孤児院を一緒に訪問したりした。そこには必ず病死があり、内紛や戦争での死があった。誰もが家族や友人との死別を経験していた。死は日本以上に身近なものだった。しかし、誰一人として自殺で死んだ人を知らなかった。スワヒリ語を国語とするタンザニア、マサイ族の村では「クジュワ（自殺）って何なの？」と聞いてくる子どもすらいた。

「ここ10年、日本では毎年3万人以上が自殺している」と日本の現状をオアシス号の仲間に話した。すると、「本当にそうなの？　だとしたら、一日100人死んでいることになる。ぼくの国なら、あっという間に人がいなくなって滅びてしまうよ」とアイルランド出身のブライアンが言った。アイルランドは人口約450万人だ。

では、豊かな国ほど自殺者が多いかというと、そうでもない。デビによると、イギリスの自殺者は年に3000人ほどで、極めて少ないという。「経済的に貧しいロシアやハンガリーの方が自殺率は高いんだ」とフィンランド人のマルコが言う。最後にデビがこう質問を投げかけた。「自分がちっぽけで弱い、それでも大丈夫だということを知ることができたら、自殺なんてしないんじゃない？　それにはアフリカを体験するのがいいかもね。悩まず、生きることだけを考えるから。それにしても日本の自殺者は多すぎる。なぜなの？」。

ぼくの国の何がアフリカやイギリスより病んでいるのだろう。

美しい星空、砂漠があるだけで人は誰でも哲学者になれる

イスラム教の国々では毎朝、教典、コーランの読誦が町なかに設置されているスピーカーか

ら流れてくる。たいていその音で目が覚める。

その日もコーランで目覚めた。だが、外はまだ暗いので横になっていると、テントの相棒、スティーブが声を抑えてむせび泣いているのが聞こえてきた。そういえば、前夜から様子がおかしかった。夜中にテントを出て携帯電話でヒソヒソと誰かと話していた。

出発から1週間、多少仲良くなってはきたが、さすがに涙の理由は聞けなかった。

朝食のとき、彼はリーダーのグランツとサブリーダーのアンディと何か話し合っているようだった。そして朝食が終わると彼自身から仲間に報告があった。

「みんな聞いてくれ。娘が危篤になったと家から連絡があったので急きょ帰国することにした。短かったけれど、ありがとう」それを聞き、彼の涙の理由がようやくわかった。

「ヒロ。ガーナか南アフリカで会おう。落ち着いたら戻ってくる。元気で」と言ってくれた。慰める言葉がないので、シートを敷き、即興で抹茶をたてた。「にがいな。でも、ありがとう」と言って、彼は右のフェンダーが大きく破損したプジョーのタクシーで空港に向かった。

スティーブがいなくなってテントに一人ぼっちになった。何だか急に心もとなくなった。その晩からしばらく寝袋にくるまっては、テントから顔だけ出して夜空を見上げた。満天の星を見つめながら、家族のこと、友人のこと、スティーブのこと、そして、なぜここにぼくはいるのかといろいろ考えた。

ふだんはよくしゃべるのに、この時期のぼくは口数も少なかったようで、仲間たちが「ヒロ、大丈夫か？」とよく声をかけてくれた。歳《とし》の近いバイク好きのデビッドは「こんなところにいれば、今朝会った羊飼いの子だって哲学者になるよ。ぼくも同じだ」と慰めてくれた。

食事の準備は薪集めから

料理をする際、ごく当たり前のこととしてぼくたちはガスキッチンを使う。

ところが、この旅では食事の準備も全員で薪を集めることから始まる。しかも、朝だって、コーヒーを飲むために26人分の湯を沸かさなければならないから大変だ。ブッシュと呼ばれる低木の茂みやヤブで、枯れ枝などをたくさん集め、余った分はトラックの屋根に保管し、大事に使うようにしていた。足りないときは村で買うか、売り物でなくても交渉して分けてもらうようにした。

まったく村や町がないところを数日かけて移動するときには、若いメンバーが雑木を伐採し、斧《おの》で割って薪を作った。基本的に環境保全が最優先、それがオアシス社のポリシーだったので、必要最小限しか伐採はしないよう全員で気を使った。

あるとき、元アメリカ海兵隊員のルークが、高さ12メートルもある木を指差し、「これなら1週間は大丈夫かな。ぼくたち26人、40週間の旅なら、40本分を伐採することになるね」とつぶやいた。彼の生まれはアメリカ・ユタ州だ。

「ぼくの故郷には大自然がたくさん残っているけど、こんなふうに料理のために毎日みんなが木を伐《き》っていたら、簡単に森は消えるね。いずれは砂漠になるんじゃないかな」とルーク。

アフリカのジャングルでさえ、その再生能力をもってしても燃料として木々を伐り続けたら、供給分は追いつかないだろう。

その後、訪れたガボンなど赤道直下の国々では、樹齢100年以上と思える巨木を何本も積んだトレーラーがジャングルの細い道を行き交っていた。輸出用木材だった。「日本がたくさん輸入しているんじゃない？」とみんなに冷やかされた。

ロバに乗ったマリファナ売り

アトラス山脈の南側に広がるサハラ砂漠の途中でのこと。夕方、テントを張っていると、ロバに乗った若者がぼくに近づき、「ハッシュとマリファナを買わないか」と勧めてきた。断ると、ロバの尻をパシパシッと鞭《むち》で打ち、そのまま去っていった。

旅を開始して約3週間が経とうとしていた。互いに気心も知れ、若者だけの仲良しグループもでき、その数人が大音量でパンクロックを聴きながらお酒を飲んだりする夜もあった。彼らがハイテンションなのはマリファナをやっていたからだった。野宿ということもあり、他の参加者から「うるさくて眠れない」とクレームが出た。パンクロックで騒いでいるのは、イギリス人のダン、ニュージーランド人の女性スー、ドイツ人のマーカスたちだった。

「モロッコは麻薬大国、世界のマリファナの42％を作っている。羊飼いや市場、どこでも誰からでも安価で手に入る。オランダのように合法ではないが、この国も取り締まりはゆるいんだ」とダン。彼はマリファナに詳しかった。オランダ人のジャックとカレンは、「オランダでは確かにコーヒーショップでも買える。使用するかどうかの判断は個人に託されている」と、みんながマリファナをしているわけではないことを遠慮がちに示唆した。

クレームを受け、「みんなの睡眠を妨害することだけはやめて」とアンディは注意したが、マリファナに対しての注意や非難はなかった。

オアシス号はあくまで大人の集まりだ。誰かに勧められても「ぼくはやらない。NO」と言えばいい。意思を伝えれば、以後、強要されたり、執拗に勧められたりすることはない。幸い、ぼくらの間でマリファナそのものによるトラブルはなかった。

オーストラリア人のジョーが、モロッコで一度だけマリファナを練り込んだクッキーを焼いた。オーストラリアでもマリファナは違法だが、自宅で楽しむ分にはうるさくないらしく、たまに作っていたらしい。ぼくも一枚食べた。少し経って顔がほんのり赤くなり、ビールを2本飲んだような酔い心地になった。でも、今後二度と食べることはないだろうと思った。そんなに魅力的な味わいにも思えなかったからだ。

マリファナよりも心配だったのはお酒だ。ぼくはビールを一日一本、あるいはワインをたまに飲む程度だが、欧米人男性の多くは水を飲むようにビールやワインを飲む。彼らは日本人と体のしくみが違うのだろうか。ぼくはお酒に強くないのでみんなの飲みっぷりが気になった。

トイレ事情——オシッコは「ピー」、ウンチは「プー」

ところで、モロッコでぼくはカフェで出された水を極力飲むようにした。体を慣らすためだ。「これから南下するともっと水が悪くなる」とみんな警戒し、ぼくも覚悟していたが、きつい下痢をしたのは一度や二度。そのうち体も慣れたのか、水をそのまま飲んでもたいてい大丈夫だった。

それより深刻な問題は、モロッコには公衆トイレがないことだった。たまにあっても、とても汚い。にもかかわらず、有料で、入るとどこからともなく集金係がやって来る。女性陣はカフェのトイレを利用したが、それも有料だった。

西サハラに向けて移動を開始し、アガディールを通ったとき、モロッコ最南端のマクドナルドがあった。ここの水洗トイレはモロッコで一番きれいだった。

「これから先、南アフリカまでマックはないわ。今後は野外トイレになるからね。移動中、トイレ休憩は毎回約10分。基本は午前10時ごろと午後3時ごろの2回。我慢できなければ車内のブザーボタンを2度鳴らすこと。適当なところでグランツが停車するから」とアンディからアナウンスがあった。

オシッコはピー、ウンチはプーというのがオアシス号での共通語だった。

野外トイレは、オアシス号をはさみ、男女が道路の右と左に分かれて用を足すというスタイルだった。砂漠や荒野では木々や建物などさえぎるものが何もない。男は立ちションだから問題なく、低木や腰くらいの高さの茂みがあれば「ラッキー！」。女性陣は「頭隠して尻隠さず」の状態で用を足す。互いに見ぬふり。これが礼儀だ。最初は、女性たちも恥ずかしそうだったが、次第に慣れていったようだ。

「あんな近くでお尻出して。本人わかっているのかな？」「一度注意してあげようよ」とオーストラリア人のキムとジョーが、オランダ人のカレンを見ながら話している。お国がらなのか、オランダ人、フィンランド人は大胆に用を足していた。

サトウキビやトウモロコシなど背丈の高い作物の畑があると女性たちは喜んだ。隠れることができ、しかも、比較的安全だからだ。反対に砂漠やブッシュは大変。大トカゲ、サソリ、ヘビなど、とんでもないものが地面に潜んでいることが多い。

何よりもっと怖かったのは人だ。女性陣が野外ピーをしていると、地元の男性たちがまわりに集まってきて、ピー中の彼女たちをじっと見ているのだ。「あっちへ行って」と言えば、たいていどこかへ行ってしまうが、「消え失《う》せろ！」と汚い言葉を発しても、アラブ系男性は動かないで見ている。そのしつこさに彼女たちもさすがに辟易《へきえき》していた。

特にエジプト人がひどく、近くに寄ってきたと気配を感じると、女性陣は交互に見張りを立てて用を足すようにしていた。

「プーに出るときは、オアシス号に備え付けてある園芸用の小さなショベルを持参して。環境保全のためよ。絶対に土をかぶせること。トイレットペーパーは埋めない。持ち帰ってキャンプファイアーのときに燃やして」とアンディ。

最初は、プーに土をかけるだけで埋めなかったり、土が硬すぎて埋めるのをあきらめたり、トイレットペーパーを散らかしたままにする人もいた。すると、鼻がきくアンディがすかさずそれを見つけて「あそこでプーをしたのは誰？　ちゃんとあと始末をしてきてください！」と叫んだ。みんなが黙ってジーッとしていると「始末するまで、出発しない」とさらに声を張り上げた。あるときは「紙が散乱している。女性よ。すぐに始末して」と注意があったのに誰も処理しようとしなかった。フィンランド人のヤーナがしびれを切らし、「私ではないけれど、しかたない、私が始末するわ」と紙を拾いに行ったこともあった。

トイレットペーパーの使用量は女性が1週間で1個から2個。男性は2週間で1個ぐらい。

貴重なのでみんな大事に使っていた。

その後もほとんどの村でトイレなどなかった。だからこそ、キャンプ地やホテルなどにトイレがあるとみんな大喜び。どんなに汚いトイレでも「中国やインドと同じようなもんだよ」と世界各地を旅行している連中は気にもかけなかった。トイレがあってもトイレットペーパーがないところも多い。あったのは南アフリカのキャンプ地とその他では高級ホテルとマクドナルドくらいだった。

野外トイレよりもやっかいで、困ったのは、都市部のビルやレストランなどの水洗トイレだ。壊れていて水が出ないので流せない。すでにプーが山盛り状態だったところも少なくなかった。有名な高級ホテルでさえそんな状態で、思わず目を疑ったこともあった。

なお、モロッコやエジプトなどアラブ諸国ではプーの処理は「不浄の手」で行う。左手で拭《ふ》き、備え付けのバケツの水で手を洗うのが一般的だ。

スーダンの食堂のトイレで、男性が手で処理しているのを目の当《ま》たりにしてしまったことがある。バケツがないので手も洗わずに出ていった。席に戻ってカウンターを見ると、なんとその男が調理しているではないか。彼らの慣習を知ってはいても、さすがにそのときはショックだった。まあ、下痢をする程度で、大きな病気にはいたらなかったのでよかったのだが。

生きていく上での尺度は、神にある

西サハラは、モロッコの南にある、大西洋岸に面した地域だ。旧スペイン領だが、現在は国なのか国でないのかよくわからない。領有を主張するモロッコが実効支配しているが、独立を目指すポリサリオ戦線との間でときおり武力紛争がある。この地域の帰属問題がいまだ解決していない。そのため、この地域に入る前には厳しい検問があり、まるで別の国のようだった。

わずかなオアシスと沿岸部をのぞき、地域の大半が砂漠である。西サハラに入ったあたりから、心に余裕ができたこともあり、息を呑む美しい砂丘で毎日夕日を楽しむようになった。ぼわんぼわんと大きくて、黄色、オレンジ色、赤色へと移ろっていく。海岸沿いでは、まれに緑っぽい光線が水平線を走るのも見た。巨大な雲が夕焼けに染まったときなど、あまりに荘厳で美しく圧倒された。料理を食べる手を休めて、しばし夕日を見入ったこともあった。

砂漠を走っていると、ときどき集落を見かけた。水源のあるオアシスだけでなく、なかには何時間もかけて歩かないと、水汲《みずく》み場に行けないようなところに人が暮らしていたりする。モロッコですら、都市部を少し離れると電気がなかった。テレビやラジオという娯楽もない人々

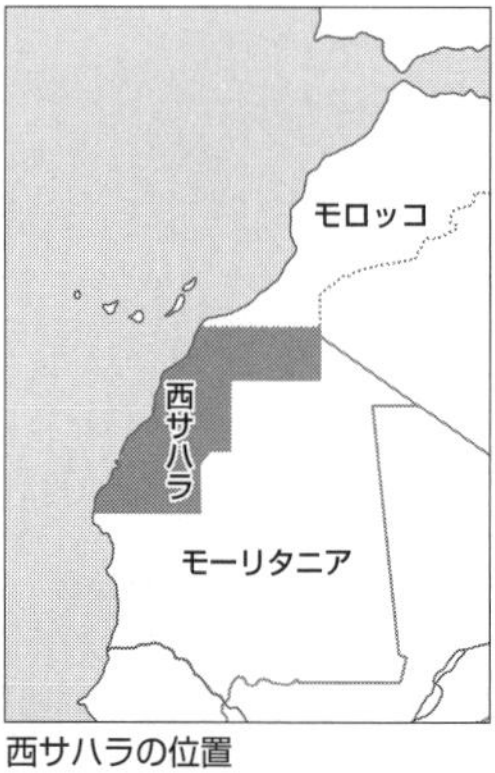

西サハラの位置

西サハラに入ってから出会った、初めての大きな砂丘

は、夜になると小屋に入り、家族と共に静かに朝を待っている。

なぜ、こんなところで生きていけるんだろう。水や電気、ガスといった頼るべきものがなければ、人は生きていけないものではないのか。砂漠に生きる人々を見かけるたびに思った。

しかし、夕日を見ながらハタと気づいた。

この砂漠の人々は、人間ではなく神の尺度で生きているのではないかと。

いや、むしろ神の物差し（尺度）でないと生きていけないのではないかとぼくは直感した。

モロッコ、エジプト、スーダンの砂漠を縦断したとき、砂漠とは死の世界だと思った。砂漠の地下には水があり、緑のオアシスはあった。しかし、ここで人々が暮らすためには、民主主義は通用しない。強力な指導者、ある意味、独裁者がいなければ、これほど脅威的な自然と闘って生きていくことは不可能だと思う。

事実、砂漠で暮らす人々は「ここにはアッラーの神がいる。神の定めがないと民は団結しない」と話していた。

キリスト教とイスラム教の大本ユダヤ教のラビの言葉に「砂漠を旅する者は、星に導かれて進む。旅人は星に向かって歩む。旅人は絶対に星に到着することはない。しかし、星に近づこうとすることで、目的地には到着できる」がある。ぼくは砂漠のテントでこの言葉を、神が人を導くのだ、と理解した。

もし、宗教という、彼らを導く「糧」がなければ、絶対にここでの生活は成り立たない。彼らが頼りにしているのは、電気やガスよりも宗教の灯《あか》りであり、神の導き。だからこそ、灼熱の砂漠の中でも毅然として生きていけるし、漆黒《しっこく》の夜でも迷わないのだろう。荘厳な夕日を見つめていると、何か大きな力を与えられる瞬間がある。これこそが、彼らが信じている神なのかもしれない。

砂漠にも雨は降る。しかも、たった10分で道路を遮断する

西サハラの砂漠でキャンプしていると、ぼくたちの炎が見えたのか、トヨタのトラックに乗って、ターバンを巻いた男がやって来た。木と竹で作られた三味線の大型版のような楽器を持っている。ベルベル族だという。北アフリカの広い地域に住む先住民族の一つだ。彼は陽気で、自然にぼくらの輪に入り、スローなリズムで渋い民族音楽を歌い始めた。心地よい気分に浸っていたら、いつしか星が雲で覆われ、雨がパラッと降り出した。「砂漠にも雨が降るんだ」と

驚いたら、「たまにはね。では、帰る」と言って、瞬く間に暗闇に消えていった。

西サハラから南下し、中部アフリカ、ジャングル地帯を越えて、カラハリ砂漠のあるナミビアのスワコプムントでキャンプしたときのことだ。テントを張り終え、空を朱色に染める夕焼けを見ていたら、南の方から真っ黒な入道雲が雷に先導されてものすごい勢いで迫ってきた。

雲の底は、すでに割れて大雨を降らしている。砂漠でさえぎるものがないので、雲や雨の様子が手にとるようにわかる。みんな一斉にテントのなかに避難した。砂地をパチパチと叩く音がだんだん大きくなって、ダダダダダダ、バチバチバチと、まるでテントにバッタの大群がぶつかるような激しい音と振動があった。

わずか10分程度のことだったがとても長く感じられた。音が遠ざかったので、外に出てみると、砂漠の表面にたくさんの川ができていた。水は砂に染み込まず、川になるのだ。ここでもまた、砂漠に対する見識がもろくも崩れた。水のない砂漠に雨はありがたいものの、それによって道が遮断され、移動もできなくなるという事実を知った。

砂漠に張ったテントを雨が襲う。右側が雨。この後、あちこちに川ができる

モーリタニア

モーリタニア・イスラム共和国
Islamic Republic of Mauritania

- 人口｜約320万人
- 旧フランス領
- 1960年独立
- 首都｜ヌアクショット
- 通貨｜ウギア

外国人誘拐発生。軍のエスコートで旅をする

オアシス号で移動中は、景色を見るだけでなく、本を読んだり、みんなでトランプやゲームをしたりして過ごした。マグネット式のチェスや、ｉＰｏｄで映画観賞をする者もいた。女性たちは互いに髪を編んだりしていることもあった。ぼくもときどき本を読んでいた。英文の本のときは定規をあてて一行ずつ読み進むといった感じだ。ただ、揺れが激しくなると、文字を追うのがつらく、目も疲れるのですぐに読書を中断した。

西サハラからモーリタニアへの道では、本を読むのはハナからあきらめた。とにかく道が悪い。道路は片側一車線、路肩が崩れている。対向車とのすれ違いざま、片輪がときどき道路わきの舗装されていない砂利道に入ってしまい、後輪が横滑りした。そのまま道路から外れて、横転してしまったトラックや大型タンクローリーの残骸がいたるところに転がっていた。事故も多ければ、そのまま放置されるケースも多いのだとひと目でわかる。

西サハラから国境を越え、モーリタニアへ入国する直前、悪いニュースが入ってきた。モーリタニアでスペイン人が誘拐されたという。オアシス社のイギリス本部から、衛星電話で連絡があったのだ。「状況次第で進路を変更する」とリーダーのグランツから説明があった。

その翌朝、ぼくたちのキャンプ地に警察官がやって来た。「あなたたちの進路は、『NO GO ZONE（進入禁止地区）』に指定された」と言った。もし一日早く「NO GO ZONE」になっていたら、ぼくたちは入国できず、船か飛行機でモーリタニアを迂回《うかい》しなければならなかった。「危険なのでエスコートする」という警察官の先導で出発した。

町を出たところで軍に担当が代わる。オアシス号の前後にトヨタのトラック2台がついた。荷台には8名ずつライフルを持った兵士が乗車しており、ぼくたちの警備にあたってくれた。地雷注意の道路標識を横目に砂漠の一本道をひたすら走っていく。観光地への寄り道などなかった。停まるのはトイレ、検問、キャンプ地、そして兵士のお祈りのときだけだった。

オアシス号のなかも、いつもとはちょっと違う、重々しい空気が流れていた。変わらないのは外の景色だけだった。

「砂のエアーズロックが移動しているようだ」と、オーストラリア人のジョーが外を見ながらつぶやいた。風で巨大な砂山が動いているのだ。その様子は息を呑むほど美しい。

そんなふうに軍の警護のもと、移動するようになって5日が過ぎたころ、ようやくグッドニュースが舞い込んだ。誘拐されたスペイン人3名が、西サハラ付近で解放されたとのこと。生きていた。よかった。いずれにしてもアフリカでは外国人の誘拐事件が多いのだと実感したできごとだった。イスラム過激派ハマスや、国際的テロ組織アルカイダの存在を間近で感じた。

事件も解決したため、翌日、軍の兵士たちと別れることになったが、彼らは最後の夜まで警備にあたり、ぼくらのテントを囲んでくれていた。物々しい雰囲気だが、こちらとしては頼もしいかぎり。安心して休むことができる。

ぼくは、兵士たちに感謝の気持ちを込め、ついでにジェイコブの誕生日も兼ねて月の砂漠でお茶会を開いた。茶道の席で床に敷くフエルト、毛氈《もうせん》の代わりにヨレヨレのペルシャ絨毯《じゅうたん》を敷いた。焚き火にケトルを置き、湯を沸かした。隊長は茶碗をすすぐための水が入った鍋の横にライフルを置き、寝そべったまま茶碗を受け取り、一気に飲んだ。

「まずい」と口にこそ出して言わなかったが、顔をしかめた。2番目の兵士は鼻を寄せて香りを確認しただけで、茶碗を置いた。「日本文化が理解されない」と日本語でぼやいたら、ぼくの様子を察してか、ジェイコブが「お茶の作法は実に興味深い。ありがとう。一生の思い出になるよ」と大げさに賞賛してくれた。

その後、いつも砂糖をたっぷり入れたミントティを飲んでいるせいで、歯がボロボロだという隊長が、「うまいから飲め」と、部下に作らせた甘い甘いミントティをその場でぼくたちにごちそうしてくれた。お互い、味は気に入らずとも心が通じ合えたのはよかった。

その晩も月が地平線に昇っていた。オレンジ色、レモン色、透明な白へ。月は刻々と変化していく。砂漠の民が星や月を国旗に使うのがわかる。

昼間はとにかく暑い。それだけに夜が待ち遠しくてたまらない。星や月が出ているだけでホッとする。砂漠に長くいると、太陽より月の方がうれしい存在になる。そんな砂漠の民の思いが国旗に託されているのだろう。そんなことを思う心の余裕を持てたのも、兵士たちがぼくらを危険から守ってくれたおかげだ。

エスコートしてくれた兵士と軍のトラック

軽く前車にぶつかって停車するタクシー

モーリタニアはアラブ諸国の一つだが、モロッコとは違い、黒人の姿が目につく。砂漠でもハエがいて、すぐに寄ってきては目もとや口もと、鼻にとまる。ここにきて蚊を発見したので、マラリア予防薬ドクシーを飲み始めることにする。ドクシーはモーリタニアで買ったものだ。

モーリタニア漁港にて。こんな車がたくさん走っている。タクシーも同じようなもの

首都ヌアクショットでは、仲間5人で小型タクシーにぎゅうぎゅう詰めになって乗り込み、海岸の市場へ行った。タクシーはオンボロを通り越してスクラップ車に近い。ブレーキはすり減って壊れている。ウインカーはなく、フロントガラスにもヒビが入り、ドアも片側しか開かない。タイヤを支えるバネがへタって車全体が沈み込み、地を這うような状態。停車するときは、ドンと前の車に軽くぶつかる。「大変、事故だ」と騒いでも、そのまま何事もなかったように走り出す。「ブレーキが利かないだけだ。心配するなと運転手が言っている」とオランダ人のジャックが通訳してくれた。唖然《あぜん》としたが、それがふつうのようだった。

毎日同じ食べ物でも気にしない

モーリタニアで料理当番がまわってきたときは、アンディから25人の一日分予算８０００ウギア（約２６００円）を受け取り、キャロリンと2人で買い出しへ。町に出たついでに、ヌードルと野菜をはさんだバケットを食べた。モーリタニアは旧フランス植民地のせいか、フランスパンがおいしい。

キャロリンは料理が大嫌いな上、買い出しも嫌いなのでいつも口論になった。しかし、彼女は意外にも計算と値切り交渉がうまいので、市場では役割分担を決めて行動することにした。

この日は、チキンを買おうとした。店の人が5羽のニワトリが入った木籠を指差し、「ここから選べ」と言うので、「調理してあるものが欲しい」とお願いした。だが、言葉が通じない。身ぶり手ぶりでもダメ。しかたなく、ぼくが太ったニワトリを選び、キャロリンが値段交渉をして売買を成立させた。ところが、彼が取り出したのは痩《や》せたニワトリ。交換を要求するが、これまた通じない。調理してほしいと身ぶりで伝えると、「別料金だ」と言われる。

しかし、これもキャロリンが交渉して成立。互いの役割も果たせたことだし、これでよしとしようと思った瞬間、店の人がいきなり目の前でニワトリを絞め、羽をむしり、血糊がついた包丁でカットした。その絞め方に驚き、固まってぼうぜんとしてしまった。

すると、キャロリンが「ヒロ、モロッコのフェズの市場で、肉屋がラクダの頭を売っていたのを覚えてるでしょう。日本ではニワトリをつぶすのも見たことないの!?」とぼくをバカにしたような目つきをして言った。「いつだって自分は何もしないくせに、なんて偉そうなんだ」と心の中でぼくはつぶやき、彼女をにらんだ。どうも彼女のことは好きになれない。

ところで、ぼくたちは毎日違うメニューのものを食べようとするが、アフリカ人はどうも違うようだ。特にサハラ砂漠以南の、サブサハラと呼ばれる黒人の多い地域では、ほぼ毎日同じものを食べているようだった。

モーリタニアの食堂で、母親と一緒に働いている小学生ぐらいの男の子が「毎日キャッサバの団子を食べているんだ。ほら、あなたの注文したランチと同じだよ」と教えてくれた。日本ならご飯に味噌汁をかけたものを、朝昼晩関係なく食べ続けるようなものだろう。

カメルーンの漁村では「毎日、魚とプランテインバナナだ」と子どもが言っていた。

タンザニアのマサイ族の村では、キャッサバの粉を固めてお粥《かゆ》にしたものと少しの野菜を食べていた。だいたい毎日これと同じものを食べ、彼らの好物である、牛の血入り牛乳を飲んでいるのだとガイドが説明してくれた。

ただ、彼らは必ず家族や村の仲間と食べていた。毎日同じものでいい、みんなと一緒に食べることの方がきっと彼らには大切なことなんだろう。もちろん、そんなことも意識しないで、当たり前のようにみんなで食事をしているようだった。

孤児院に入れる子どもは幸せ

アンディが「この近くに、クリスチャンが運営する孤児院がある」と教えてくれた。興味を抱いた9人が、2台のボロボロの小型タクシーで向かった。

孤児院は高い塀で囲まれ、入口の扉は鉄で頑丈にできている。建物内は意外に広く、大きなキリスト像があり、周囲は青や赤にペイントしたブロックで飾られていた。「この地域は、イスラム教が50%、民族宗教が30%、キリスト教が20%と分かれています」と園長。

孤児院では3歳から15歳ほどの子どもが共同生活をしていた。各部屋には、さびた鉄パイプの二段ベッドが5つあった。マットレスはなく、板の上にクタクタの毛布があるだけだ。

ひと部屋に10名。訪問時には合計33名が入園していたが、そのうち約半数が学校へ通っていた。自分たちの生活だけでも経済的には苦しくて大変なのに、恵まれない子どもたちを支えている人たちがいる。そう思うと胸が熱くなった。

子どもたちがフランス語で国歌を斉唱してくれた。続いて「幸せなら手をたたこう」のメロディで歌い出す。歌詞はまったくわからなかったが、なじみのあるメロディに驚き、興奮して思わず「これは日本でもポピュラーな歌なんだ」と仲間に自慢した。

ぼくたちも太鼓やダンスなど、一芸を披露した。ぼくは阿波踊りの真似をした。孤児院がこんなに明るくていいのかなと思うほど、みんな陽気で楽しそうだった。ぼくはふと町の中心地で、目をギラギラさせながらたむろしていたストリートチルドレンたちのことを思い出した。彼らはみんな裸足で、表情も暗かった。

孤児院の子どもたちは、自分の本当の年齢を知らない。「生まれてすぐの栄養が悪かったのかな」と獣医のキュースティンが指摘するほど痩せこけた子もいる。それでも、ここにいられる子どもたちは幸せだ。オーストラリア人女性のジョーも「孤児院と聞くと、どこかいじけたところがあると思っていたけれど、ここの子どもは明るいわ」と言った。ぼくも同感だ。

半日ほど滞在し、昼食前にはそこを出た。ぼくたちが一緒にランチできるほどの食料がないというのもあって、気を使ったところもあった。孤児院へ出かける前、「何か寄付したいんだけど、何がいいだろう」とジョーに相談したら、「下着がいいんじゃない？　足りないと思うから」と言った。新品の下着としては、グンゼのブリーフが1枚だけ手元に残っていたので、それを持参していたぼくは別れ際、園長に渡した。とはいえ、ブリーフ1枚ではさすがにどうかと思い、少しの寄付金も添えた。それでも園長は大変喜んでくれた。

帰ろうとすると、子どもたちがぼくたちの手をギュッと握って離そうとしなかった。ポップなリズムのフランス語の歌を合唱してくれた。

イギリス人女性で、自国の孤児院でもカウンセリングをしているデビが「親が殺されたり、親から捨てられた子ども、誘拐されて反政府ゲリラの兵士にされた子ども、エイズで死を待つ子どもたちがいた。それでも、孤児院に入れただけ幸せ。食べ物があり、人間としての世話を受けられることって、とても幸せなことなのよ」と話してくれた。

国境を越えたのに、あるはずの国がない!?

グランツは優秀なリーダーであり、同時に優秀なドライバーでもある。書き込みだらけのミシュランの地図と、小型のGPSで進路を確認しながら運転していく。がっしりした体格のニュージーランド人、趣味はラリーだ。アフリカはすでに4周目。コースは年度によって治安や天気で変わるそうだ。口数の少ない男だが、ビールを飲むと饒舌《じょうぜつ》になる、いいやつだ。

かつて、フランスはアフリカに多くの植民地を持っていた。そのフランスを本拠地とするタイヤメーカー、ミシュランの地図は、まさにアフリカを旅する者にとっては必需品だ。雨季と

リーダー兼ドライバーのグランツ

サブリーダーのアンディ

乾季、それぞれの季節に応じて通るべき道も記されている。

ちなみに、ミシュランは、19世紀、車での旅行を安全に行ってもらうための地図を製作したのだが、それが進化して有名なレストランガイドブックが誕生したそうだ。

もう一つのナビゲーションツールとして、グランツが使っている携帯GPSは、居場所がすぐにわかるもので、トレッキングやパラグライダーなどのアウトドア専用機だ。

モーリタニア最後の夜は、軍の施設の隣でキャンプさせてもらい、朝、コーランの読誦と共に出発。1時間ほどで粗末な木造の出国オフィスに到着し、手続きを済ませる。

さて、出国したのはいいのだが、オアシス号はいきなり道に迷ってしまった。グランツがどんなにミシュランの地図とGPSを駆使しても平原ばかりで道がないので、ここがどこかわからない。通過する村で人にたずねてもわからない。GPSで何度も確認し、何とかマリに入国していることがわかり、進むべき方向は定まったものの、今度はマリの移民局が60キロメートルも先であることが判明してグッタリ。

しかも、地図に掲載されている道が雨季に増水して川になったらしく、川底のような道になってしまっていた。このときは乾季で砂がとてもサラサラしていた。そのためオアシス号はすぐにタイヤをとられ、立ち往生してしまった。そのたびに、全員が車を降り、オアシス号の両サイドに吊るしてある鉄板の梯子を下ろし、砂をかき出してタイヤの下に敷く。その繰り返しで少しずつ前へ進んだ。しかし、この鉄板が幅50センチメートル、長さ2メートルと大きく重い。2人で両端を持っても運ぶのにひと苦労。ショベル、鉄板運び、給水と各担当を決めたがどの作業もきつい。砂漠の太陽が照りつけ、のどが渇く。

それでも、みんなで力を合わせて悪路を乗り切った瞬間は何ともいえず、気持ちがよかった。「運動不足もこれで解消。いい運動になるね」と互いの労をねぎらった。

それにしても、なぜぼくたちのオアシス号は道に迷ったのか。それはアフリカには国境地帯に、どの国にも属してない「Nowhere Zone」があるからである。このエリアはとてつもなく広く、一泊二日の日数をかけての移動になるほどだ。その広さにもかかわらず、地図には一本の線が国を分けていた。それでも、なぜか村はあり、人がそこで暮らしているから驚きだ。

アフリカで陸続きの国境越えが、こんなに大変だとは想像していなかった。不安ながらもオアシス号は走り続け、次第にマリへ近づいていった。徐々に景色に緑が増えてきたので、ぼくたちの心も次第に明るくなっていった。鳥が歌い、牛が草を食べている光景も目につき始めた。トラックの窓から桃色の花が一つ、ぽつんと咲いているのが見える。川があり、草木があると希望を感じるものだと知った。白い馬に乗った少年がぼくたちを追いかけてきた。少年たちの肌もアラブの茶色から、完全にブラックに変わった気がした。

マリ

マリ共和国
Republic of Mali

- 人口｜約1270万人
- 旧フランス領
- 1960年独立
- 首都｜バマコ
- 通貨｜CFAフラン

交通状態も車の状態も悪い国々

マリ共和国へ入る。首都バマコは光化学スモッグがひどい。整備などされたことのない車が黒煙をモクモクと吐き出しながら走っているせいだろう。ベンツとフランス車が目立つが、そのほとんどがポンコツ。それでもモーリタニアの車よりマシだ。

どの車も、車体と同じくらいの大きさの荷物を屋根に縛りつけている。裂け目から綿が飛び出ているマットレス2枚、その上にセメント袋4個、さらにカラのポリタンク20個近く、自転車3台を積んで走っている。積載量オーバーなんて関係ない。どうやらこれが名物らしく、マリ国立博物館の玄関には、荷物を山積みしたワーゲンのカラフルなオブジェがあった。

オアシス号が駐車している場所のわきで、交通事故が起きたことがあった。車が3人乗りのバイクをはねたのだった。一人の子どもが路上に倒れて動かない。あっという間に黒山の人だかりで交通マヒとなった。

厳しい谷や崖に住むドゴン族

マリに滞在中、仮面ダンスで有名なドゴン族の村を探検する二泊三日のトレッキングに11名で出発した。テント、食料、水を運ぶためにロバ2頭とロバ使い2名、そして、ガイドを雇った。ガイドの名はオーケー。名づけ親は、最初の客だったアメリカ人だという。

オーケーはドゴン族で30歳くらい。本当の年齢を本人も知らない。小学校も行っていないが、英語とフランス語が話せる。ただし、読み書きは苦手。ガイドの勉強は、外国人観光ガイドをしている先輩につき、耳で学んだ。ラクに収入を得られると思い、必死で覚えたという。彼ら部族の生活は、オーケーが幼かったころとあまり変わっていないそうだ。とにかくにぎやかな男で、こちらが質問しなくてもどんどん話す、お調子者といった感じの青年だ。

そんなオーケーに誘導されながら、一日30キロメートル、太陽の照りつける砂地をノロノロ歩く。歩きながら「数百年前には、ライオンなど獰猛《どうもう》な動物がたくさんいた」「他族の攻撃から身を守るため、あえて断崖にドゴン族は住まいを作った」とオーケーが話す。

ドゴン族の居住地域、バンディアガラの断崖は世界遺産に登録されている。幅150キロメートル、標高差500メートルにもおよぶ断崖の麓《ふもと》にはドゴン族の集落が点在していた。その一つの集落に入り、泥レンガでできた平屋に宿泊する。部屋の中が暑かったので、ぼくたちは平らな屋根の上にテントと蚊帳《かや》を各自で張り、寝させてもらうことにした。

翌朝、早く目覚めたケビンに誘われ、断崖を登ってみた。50メートルほど上がったところから村を眺めると、あちこちの家から白い煙が細くたなびいている。朝食の準備をしているんだろう。太陽も昇り始め、まぶしい光が泥レンガの家々を朱色に染めている。ぼくが子どものころの日本的な、澄んだ空気に満ちていた。昔は獰猛な動物がいたなんて信じられない。

オーケーによると、ドゴンとは「アマ神」のことで、このアマ神が太陽や月、地球、そして人間を作ったという神話を人々は信じているという。日本のアマテラス大神と同じだと直感した。神話を語り継ぐことは文化継承において重要なことだ。「太陽は神様だ」と、ここの朝日を見ながら改めて思った。

「こんにちは」日本人の先生がいた学校があるよ

マリ南部にあるテリ村を歩いていると、日本語で「こんにちは、こんにちは、ジャポネ」と

バンディアガラの断崖。たくさんの旧居住区がある

崖を登り、旧居住区を見学

繰り返しながら、ぼくたちに話しかけてくる若者がいた。「日本語を話しているけれど、ジャポネの後、何を言っているのかわからない」と首をかしげると、デンマーク人のジェイコブが、「学校があって、日本人の先生がいると言っている。フランス語だ」と通訳してくれた。学校、しかも日本人の先生。それだけで心が騒ぐ。ぼくは一人で行ってみることにした。

若者に学校まで案内してもらった。驚いたことに、日本人が設立した学校だった。入口に「加藤裕三氏が創った」とフランス語と日本語で書かれた銅プレートが掲げられていたのである。建物は堅牢でしっかりしていた。机も椅子も壊れていない。4つの教室があったが、使われているのは1教室だけだった。小学生25名ほどが学んでいた。

校長の許可を得て授業参観をさせてもらったのだが、授業をしている教師は「授業を邪魔するな、出て行け」と言わんばかりの目つきでにらんだ。突然の訪問だったせいか、まったく歓迎されなかった。それでも日本から来たということで教室には入れてくれた。その教師の助手が片言の英語を話せたので、通訳してくれた。

ここにはノートや鉛筆があった

テリ村にある、日本人が創った学校

この学校ができたのは2002年。最初の2年間だけ日本人の先生がいたそうだ。創立からわずか7年なのに、生徒たちはこの学校が日本の援助によって設立されたことを知らなかった。日本のことも教わっていない。また、校長室に本棚はあったが、本は一冊もなかった。校長が「かつては日本の絵本があった。今はないから寄付してほしい」と言うので、「手元にない」と伝えたら、「金を寄付してくれ」とためらいなく言われた。

この後、隣村に移動する途中、フランス人の運営する小学校があったので、今度はジェイコブと2人で訪ねてみた。建物は古いが4教室すべて生徒でいっぱいだ。フランス人の先生曰《いわ》く「50万円で学校の建物は簡単に作れる。でも、フランスから先生を継続的に送り込まないと、すぐに教育はダメになる」

その話を聞き、先ほどの学校はどうして日本から先生を派遣しなくなったんだろうと考えた。

泥運びの子どもたちが世界遺産を守る

ジェンネは、町全体が伝統的な泥の建物群であり、ユネスコの世界遺産に登録されている。指定された民家や建造物にレンガなど別の建材は使えない。修理はすべて土と木で行われる。

暑いときは日中40度近くになるが、泥でできた建物に入ると一気に汗が引いていく。

3時間、約5000円（10人分）で雇った観光ガイドは、学校の教師だった。

ジェンネとは地元のボゾ語で「水の精霊」の意味だと教えてくれた。ここには学校もあり、細い路地を歩くと半地下室の窓から子どもたちのコーランの読誦が漏れ聴こえてくる。子どもたちは朝、モスリム宗教学校で1時間ほどコーランを読誦してから公立学校へ行くそうだ。

7年制で、学校の授業はフランス語で行われている。「祖国の文化が消えていくのを防ぐため、文化と歴史の授業には国が力を入れている」とのこと。そして、民族の誇りを教える一番の方法は、「親のそばで子どもが働くこと。生きる術《すべ》を子どもに教えるのは親の責任だ」という考え方が、このあたりには根づいているという。実際、ガイドの家を訪問したら、彼の子どもも、母親を手伝い、水汲みをして働いていた。

町の人々が日々使っている井戸の近くへ立ち寄ると、若くてかわいらしい女性たちが集まっていた。黄色と赤の縞《しま》模様のスカーフを頭から肩にかけていた。カラフルできれいだ。彼女たちは列を作って水汲みをし、頭に水の入ったバケツを乗せて、水と土をこねる男性たちのところまで運んでいた。

泥を運ぶのは子どもたちの仕事だった。体の3分の1はありそうな大きいバケツや、手桶を頭に乗せて運んでいる。ぼくもバケツを持たせてもらったが重い。水汲みよりつらいかもしれない。それでも、小学1、2年生くらいのちびっ子が、泥山と建物の間を何度も往復している。さすがに泥の入った桶を頭に乗せるときは顔をゆがめているが、ぼくたちを見ると笑顔を返し

泥のモスクと市場 ／撮影＝湯屋ひさし

泥を運ぶ子どもたち

てくれる。

現場監督らしき男に、フランス語でジャックが子どもたちの賃金を聞いた。ニンマリとした顔で「ノン」と返事された。

モスクを修繕するために高いところに登り、落ちて死ぬ子もいるらしい。でも、家族に見舞金が支払われることはないそうだ。

アフリカのいたるところで、母親らしき女性が子どもたち数人と共に、黄色い大きなポリバケツを頭に乗せて、水を運ぶ光景を見かけた。バケツではなく、重そうな素焼きの水瓶をおぶって、砂漠や荒野を1〜2時間歩き、水源へ向かう人々もいた。

水運びのほか、洗濯、薪運び、子守り、兄弟の面倒、船こぎ、漁、農作業、脱穀など、働く子どもたちの姿もアフリカ全土で見かけたが、みんな楽しそうだった。

泥を運ぶ様子を見ていたら、もの売りの子どもが、コーラの空き缶を開いて作ったブリキの飛行機と自動車を持ってきた。オアシス号で開催するクリスマスパーティの交換プレゼントにしようと思い、ジャックとぼくで合わせて4つ買った。「親が喜ぶ」ともの売りの子が喜んだ。ぼくらもうれしい。先進国の唱える「子どもの労働全面禁止」なんて言っていたら、ここではどこの家も家計が成り立たないだろう。

ガイドによると、この町では、馬が35万CFAフラン（約6万円）、羊20万CFAフラン

（約3万5000円）、ロバ10万CFAフラン（約1万7000円）、車はポンコツでも200万CFAフラン（約35万円）。カーストは集落と職業によって分けられている。ちなみにマリのある西アフリカ諸国では、ブラックスミス（鍛治屋）が職業では高い地位にあった。宗教的な行事に携わるからだ。

その鍛治屋へ、トラックの部品を修理してもらうため、グランツと出かけたことがあった。溶接作業のため、サングラスをかけている若者、それを取り巻いて裸眼で見ている子どもがたくさんいた。ドライバーのグランツとぼくは、10年先の彼らの視力がとても心配になった。

マリでは12歳くらいで結婚する

「なぜ君は結婚をしていないのに、彼女と同棲し、旅行ができるのか？　ヨーロッパ人の考え方は理解できない」とジャン。彼は、自分が大卒で9つの言語を話せる上、マリ共和国に約100名しかいない優秀な公認ガイドの一人だと自慢した。

「なぜ君たちは、複数の妻を持つのか。マリ人の考え方がまったく理解できない」とフィンランド人のマルコが反論する。彼はパートナーのヤーナと結婚制度にとらわれず、長年一緒に暮らし、旅を楽しんでいる。まったく常識、良識の尺度が異なる人間同士のやりとりは、ハタで聞いているだけで楽しい。

チャーターした小型船で一泊二日の小旅行へ。ベニ川沿いの村々をジャンのガイドで訪問した。300人程度のフラニ族の村で首長と会った。民族語ができるかどうかは関係なく、最年長ということで、どこかの村を訪ねたときはたいていぼくが最初に首長にあいさつをする。彼は4人の妻を紹介してくれた。そして若い娘たちを数名呼んで、ぼくに「一人どうだ？　70万CFAフラン（約11万円）だ」と言った。

ジャンが首長の通訳をした。なかには10歳くらいの女の子もいる。「このあたりでは、法律で禁止されている奴隷売買が今でも残っている」とジャンから聞いていたので、人身売買の話かと思ったら、これは結納金だそう。首長と親が勝手に結婚を決める。ぼくがどの娘か気に入って金さえ払えば、結婚成立だ。

この国の法律では18歳にならないと結婚できないとなっている。しかし、村には警察もないので、女性は12歳くらいから結婚するそうだ。都市部では一応チェックがあるらしいが、それでも簡単に年齢はごまかせるらしい。一方、男性は結納資金を作るのに時間がかかるため、晩婚傾向にあり、だいたい30代になるとのことだった。

それにしても約11万円で花嫁一人を手に入れることができるなんて。日本人の感覚だと安すぎる気がするが、彼らにとっては高額なのかもしれない。金銭感覚そのものが日本とアフリカではずいぶん違う。

アフリカはノートがなくてもみんなバイリンガル

マルコのパートナー、ヤーナは、フィンランドで小学校教師をしている。休暇を活用し、オアシス号に乗っているわけだが、彼女は、積極的に地元の学校を訪問し、授業を行ったりしていた。ぼくも教育関係の仕事に長く携わっていただけに、彼女の活動にとても惹《ひ》かれるものを感じ、できるかぎり一緒に学校を訪問させてもらうようにした。さらにヤーナは、マルコが立ち上げたブログに、旅の様子や現地で授業を行ったときのことを写真と文章でアップしていた。それをフィンランドの、彼女が勤める学校の先生方が定期的にチェックし、ときどき生徒たちに見せながら授業を行っているのだという。非常にすばらしい試みだと感心した。

ヤーナと初めて地元の学校で授業をさせてもらったのはマリでのことだった。陸路で出国する人などほとんどいない出入国事務所で、出国許可が下りるのを待っているとき、隣に学校があることに気づいた。先生らしき人々、生徒たちが校舎から出てくる。黄色いトラック、オアシス号が気になったのか、ぞろぞろとこちらへ向かってくる。

ぼくとヤーナは「これはチャンス！」と思い、学校へ入れてもらい、それぞれの母国の数字を教えさせてもらった。生徒だけでなく、ヤジウマで集まった村人たちも一緒に「イチ、ニイ、サン」と大声で繰り返してくれたのがうれしかった。

この国の識字率は20％弱。国語の教科書は15人の生徒に一冊、フランス語で書かれたものを使う。しかし、ノートがない。紙がないのだ。代わりに子どもたちの何人かは、小さなデコボコの黒板を持っていて、それに蠟石《ろうせき》のような石で文字を書いていた。

ところで、ヤーナとアフリカ各国の小中学校を訪問しているうちに気づいたことがある。

旧フランス植民地の国にある学校はフランス語と民族語、旧イギリス植民地では英語と民族語の2カ国語教育をしている。つまり、どこにおいてもバイリンガル教育が当たり前に行われているのである。教材はもとより、ノートやペンが圧倒的に不足しているという学習環境であるにもかかわらず、生徒たちは苦もなくすんなり第二外国語を覚えている。

「黒人には特別な言語能力があるのだろうか？」とヤーナに聞いてみた。

「オアシス号の仲間でもバイリンガルは多いわ。オランダ人のジャックやカレンは、オランダ語、フランス語、ドイツ語、アフリカーンス語（オランダ語や地元語が混ざったアフリカ南部の言葉）、英語が話せる。私もフィンランド語、英語、フランス語、ロシア語が話せる。つまり、ヨーロッパでは数カ国語が話せるのは特別なことでも何でもないの」と笑った。

ちなみに、彼女が勤めるフィンランドの小学校では、小学3年生から英語学習を始めるそうだ。校長と生徒の親からの許可が得ることができれば、どの授業も英語で行うことができる。フランス語、スウェーデン語、ロシア語、ドイツ語などは第三外国語として、中学高校で自由に選択して学ぶのがフィンランド流とのこと。

彼女は美術の授業を英語で行うそうだ。外国語で美術を学ぶことで脳が刺激を受け、より自由な発想を期待できるというのがヤーナの持論だった。

フランス語の教科書とノート代わりの黒板

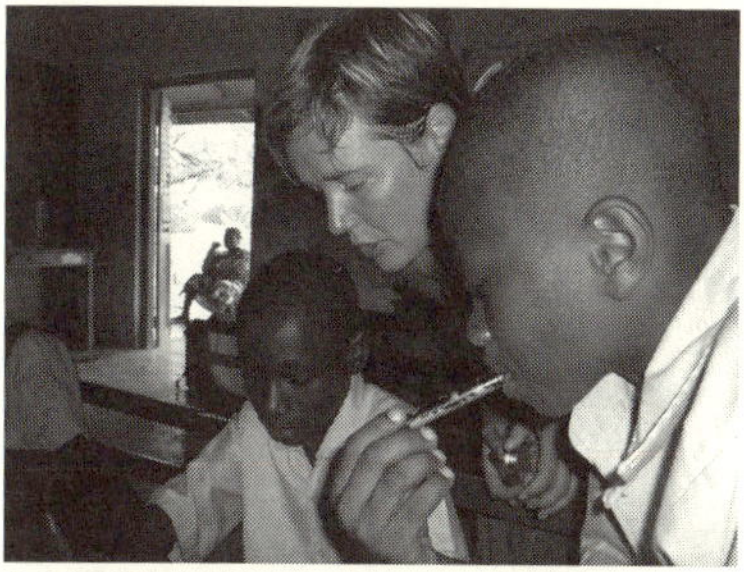
生徒に算数を教えるヤーナ

蟻塚とヤーナ。こんな写真を生徒に送っている

ブルキナファソ

ブルキナファソ
Burkina Faso

- 人口｜約1520万人
- 旧フランス領
- 1960年独立
- 首都｜ワガドゥグー
- 通貨｜CFAフラン

女の子は学校へ行かなくていい

モロッコやモーリタニア、マリでは、人口の9割を超えていたイスラム教徒の割合が、ブルキナファソに入ると、一気に3割程度まで下がる。これは、黒人の多いアフリカ地域（サブサハラ）に入ってきたからだ。サブサハラはサハラ砂漠より南のアフリカ諸国を指す言葉だ。ブラックアフリカとも言われるが、この言葉は差別的なので使うなと仲間に言われた。

首都ワガドゥグーへ向かう途中、オアシス号を停めて、缶詰の豆、ツナ、オニオンをバゲットにサンドした昼食を食べていると、近くに村は見えないのに、どこからか人がぞくぞくと集まってきた。最初は遠くから見ていたが次第に近づいてくる。若い娘たちもいて、膝を折り曲げて握手してきた。チャーミングなあいさつだ。これは珍しいことだった。

今まで訪問したモロッコ、モーリタニアは、礼拝ですら男女別々にするイスラム教国だった。女性はみんなベールで顔を隠し、奥に引っ込んでいる感じだった。女性、ましてや若い娘たちが男性に近づいてくることはなかった。

その夜のこと。次の集落近くでキャンプをしていると、子どもたちが集まってきた。一人、フランス語の話せる男の子がいた。ザリアという名前で15歳。牛飼いとして朝から夜まで働いているという。兄弟は何と11名。通訳はオランダ人のジャックとカレン。ぼくは子どもたちとダンスをした。「アビニョンの橋の上で」というおなじみの曲だ。歌や踊りは言葉が通じなくてもコミュニケーションをとれるのがいい。

次は国歌を互いに披露した。最初にブルキナファソの国歌をザリアがフランス語で歌い、ぼくが「君が代」を、そしてジャックがオランダ国歌を歌い、ブライアンがアイルランド国歌を熱唱した。そのうち村人たちがたくさん集まってきた。いつになく女の子が多い。

「学校へ行かせてもらえるのは兄妹のなかで一人だけ。ぼくはもう学校に行ってないよ。コーランが読めるようになったから。それに牛飼いの仕事があるし。今は、11歳の妹が学校に通っている」。ザリアの言葉をジャックが通訳してくれた。その妹も紹介してくれたが、シャイで頭の良さそうな子だった。「このあたりで女の子が学校へ行けるのは珍しい。でも、コーランが読めるようになれば、卒業になるのね」とジャーナリストのカレン。

翌朝、見送りにきたザリアと妹たちに空きビンや、カラになったプラスチック容器などをプレゼントした。それらは彼らにとっては、貴重な食器になるからだ。お返しにザリアたちは硬い殻を割って白い実を食べやすくしたバオバブをくれた。

余談だが、オアシス号に乗車している仲間のうち、村人との交流に興味を持っているのは3分の1ほどだった。残りの3分の2は無関心でぼくらとは別行動をしていた。人の興味はそれぞれ違うものだということをこのオアシス号ではみんなが理解している。だから変に干渉もしない。長く、共に旅を続けるにはそれが一番だ。

「くさい」と靴を外へ放り投げられた!

互いを尊重し合っているから、オアシス号の中では騒ぎになるようなケンカは一度もなかった。陰口や悪口をときどき耳にすることはあったが、こんなところで言い争ってもしかたないと抑えていたようだ。ある意味、みんな大人だった。ただアンディによると、過去のツアーでは、殴り合いの大ゲンカをする人や、グループからいじわるをされ泣かされた人もいたそうだ。

「万が一そんなことがあっても、私たちはすぐに解決できる。何か嫌なことがあれば、いつでも相談して」とアンディ。

ただ、こんなことはあった。

清潔好きのオーストラリア人キムが、車内に置いてあったぼくのトレッキングシューズと、ファーマーの靴を「くさい、くさい！」と叫んで、窓から放り投げたのだ。どうも虫の居どころが悪かったようだ。駐車中だったので、すぐに靴を外に拾いに行くことはできたが、ファーマーは「なぜ、放り投げるんだ。言葉で注意すればいいだろう」と食ってかかった。

それでも、翌朝には3人ともケロッとしていて、いつもどおりに話をした。ただ、キムは結局、最後までぼくたちにあやまらなかった。

血尿で仲間の一人が途中帰国することに

ワガドゥグーで年末となった。明後日はお正月。とてもよさそうなホテルがあったので、ぼくはそこに泊まることにした。プール付き高級ホテル。といっても、一泊1万円程度。日本と比べれば、ずいぶん割安だ。ぼくは、ときどきこんなふうにホテルに宿泊する。理由は2つ。たまにはテント生活から離れてちょっと優雅な気分になりたいというのと、もう一つは、ホテルに泊まることで、みんながぼくの部屋のシャワーを浴びることができるからだった。プールも同じ。体と髪を洗ってみんなクリーンになれる。そうすると、お返しで、ぼくが料理当番のとき、手伝ってくれる。そんなメリットもあった。

ホテルでは、くだものとサラダを昼食に頼んだり、プールサイドでのんびり過ごした。

ぼくと同じように、一人優雅にホテルの一日を楽しんでいたのが、イギリス人のデビッド。同世代で、会社経営者だから金銭的にも余裕がある。

そんな彼が、ぼくの部屋のドアをノックしてきた。

「白い便器がパッと赤く染まった。血尿が出たんだ。ひさしぶりにホテルでのんびりしたせいなのか。体調はいいのにな……」。人ごとのように言う。

「血尿が出て検査したら、膀胱ガンだった知人がいたよ。早期発見だったから、治ってよかったけれど」と話すと、デビッドは心配そうな表情になった。脅かすつもりはなかったが、とにかく早くしっかり検査を受けた方がいいと勧めた。

「わかった、考えとくよ」

彼は、南アフリカまで行く予定を切り上げ、次の訪問国ガーナからイギリスへ戻ることにした。「ヒロ、マン島TTレースを観に来るときは声をかけろよ。案内するから」と言い残して。

擦り傷や軽いやけどなど、ささいなケガや、便秘や下痢もほぼ全員が経験済みだ。どれもすぐによくなるからそんなに心配はない。マラリアに関しても、渡航前はずいぶん心配したが、たとえ発症しても治る病気だとわかってから、さほど怖くなくなっていた。

ただ、それ以外はやはり心配だ。ぼくもデビッドのような症状が出たらすぐ帰国するだろう。

2学期

キリン、ゾウ、なんでも
全部食べちゃった

ガーナ

ガーナ共和国
Republic of Ghana

- 人口｜約2380万人
- 旧イギリス領
- 1957年独立
- 首都｜アクラ
- 通貨｜ガーナセディ

国立公園なのに動物がいない!?

ジェフたちイギリス人は、「約束の地」と言ってガーナへ入るのを心待ちにしていた。彼らにとっては英語が通じる、親近感のある旧植民地だ。モロッコ出発から2カ月後、ぼくたちはガーナ北部にあるモレ国立公園でお正月を迎えた。

モレ国立公園は、サバンナと森林が広がる総面積４８４０平方キロメートルの国立公園で、数多くの動物や鳥類が生息していることで有名だ。

元日、動物を見つけやすい早朝から、屋根なしのランドクルーザーで広大な園内を３時間ほどまわった。これまで訪問したモロッコ、西サハラ、モーリタニア、マリ、ブルキナファソの

5カ国で、大型の野生動物を目にすることはまったくなかっただけに、期待に胸をふくらませて出発したのだが、ぼくたちが見たのは、イボイノシシ、ヒヒ、ワニ、それとゾウ1頭。それも「ゾウを発見、すぐに移動して」と無線で連絡があり、その場に直行したからこそ見ることができただけ。公園事務所のすぐわきだったので「やらせか？」と思ったほどである。

「夕方、国立公園のガイドや従業員家族の新年会があるので、遊びに来て」と、ガイドの子どもたちがぼくを誘いにきた。昼間、空いた時間を見計らい、日本の絵本の読み聞かせをしたり、箸《はし》について教えたりしたのだが、そのお礼とのことだった。

会場へ出かけていくと、ビートの利いた太鼓が鳴り響き、みんなで踊っていた。にぎやかなパーティだった。ただし、正月料理というものはなく、今まで訪問した集落での食事と何ら変わらなかった。ヤムイモをゆでてつぶしたもの、練り餅にしたフーフーとプランテインバナナが差し出された。肉があり、ビールも飲めたのはうれしかった。

子どもたちが秘密の場所を教えると言って、ぼくの手を引き、象牙や頭蓋骨などが山積みされている小屋にこっそり案内をしてくれた。入口にいた年寄りはニコリともしなかったが、ぼくを入れてくれた。「昔はたくさんの動物がいた」とだけ言った。

新年会の会場に戻り、「なぜ動物が少なくなったの？」と彼らの一人に問いかけると「キリン、ゾウ、全部食べちゃった」と信じられない答えが返ってきた。しかし冗談ではないようだ。

たび重なる内戦などによって貧困がひどくなり、手当たり次第、動物を殺して食べた。密猟、環境破壊もあってさらに動物が少なくなった。だから今、広範囲を国立公園にすることで動物を保護しているのだそうだ。まぎれもなく動物の命をいただいてぼくたち人間は生きている。

奴隷牢屋の真上に教会があるという事実

モレ国立公園から南へ4時間ほど走る。悪路のせいでなかなか距離も伸びないが、しかたない。次のキャンプ先はクマシという町にある、キリスト教会のゲストハウスだ。

キャンプ地に入る前に、世界遺産に登録されているケープコースト城を訪問した。植民地時代、15世紀に建設された城や要塞《ようさい》が数多く残っている。かつての奴隷貿易の拠点として栄えたところとして、世界的にも有名だ。数年前、オバマ大統領も家族と共に訪問したようだ。記念プレートが牢屋の入口にかけられていた。

モーリタニア、マリ、ブルキナファソではまだ奴隷の売買がある。これらの国々では、表向きには奴隷の存在を否定している。だが、ガイドや現地の人たちの説明では、明らかに今でも奴隷は存在している。事実、奴隷撲滅の活動をしているNGOもある。

「アフリカ社会には、わがまま、がんこ者、嫌われ者を売り飛ばす風習が昔からあった。それは商品や作物を売るより、うんと儲かるからだ。奴隷売買については、われわれ白人たちだけ

出発を待つ、多くの奴隷が収容されたケープコースト城

エルミナ城から見た港。かつて奴隷貿易が盛んに行われた

が悪いのではない」とイギリス人のデビッドがよく言っていた。ぼくは、白人が奴隷制度を作った悪人だと信じ込んでいただけに、彼の言葉に正直驚いた。しかし、奴隷制度の背景やアフリカ人の気質を知れば知るほど、次第にその言葉にもうなずけてきた。

ケープコースト城の港からだけでも約400万人、全アフリカで2000万の人々が売られたそうだ。

「出発まで牢屋に閉じ込められ、過酷な扱いを受けているので、奴隷船で目的地に到着する前にその7割が死んだ。目的地まで生き残ったのは3割程度だ」とケープコースト城の観光ガイドが教えてくれた。

翌日はエルミナ城へ足を延ばした。ここも貿易拠点、ポルトガルが作った城砦《じょうさい》がある。「1000万人もの奴隷がここから送り出された」とガイドが言う。

エルミナ城にも教会があった。奴隷を閉じ込めた土牢から出ると、その真上が教会だった。奴隷とキリスト教はワンセットなのか。まるで、教会が奴隷制度を肯定しているような作りだと感じ、ちょっと複雑な気持ちになった。

キャンプ地へ戻ると、隣接しているホテルに宿泊するカナダ人の大学院生たちと知り合った。彼らは研究のためアフリカに来ているが、休暇を取ってガーナを訪れていた。自然環境保護と人権活動を行っていて奴隷制度の現状にも詳しい。

「子どもの人身売買は今でもある。ガーナでは特に漁師が不足しているので、人買いが村へ行き、お金を与え、家族が幸せになるんだからと、子どもに話して納得させるんだ。親は子どもが奴隷として、どんなにひどい環境に置かれるかを知らない。結局、子どもは二度と村には戻れないというわけさ」

「資金援助も大事だが、何より人の教育がここでは重要なんだ。そういう人身売買をすることが、どんなにひどいことなのかを理解してもらう教育が」というのが彼らの考えだった。

ガーナで1学期終了。メンバーの入れ替えあり

ガーナの首都アクラの隣町コクロバイトで、トラックの整備があった。同時に、メンバーが若干入れ替えとなる。オランダ人のジャック、デンマーク人で高校教師のジェイコブ、イギリス人で血尿が出てしまったデビッド、イギリス人のリックの4人がオアシス号を離れ、代わりに、イギリス人男性で長野でも半年教えたことがある英語教師のクリス（30歳）、イギリス人夫婦のポールとマージェリン（共に62歳）が乗り込んできた。夫妻は定年後、経営していた家庭用雑貨の店を閉じて、世界旅行を楽しんでいる。マージェリンは元中学教師だった。アフリカは3度目。2人とも陽気でよく話す。年齢が近いこともあり、ぼくとはとても気が合った。

ぼくのテントバディーになったクリスも、おもしろい男だった。とにかく本の虫。たくさん

の本をダウンロードした電子書籍も持っているし、旅行の途中でも、どんどん本を購入する。動物がいてもまったく関心がないようでずっと本を読んでいる。何の目的でオアシス号に乗ったのか、みんな不思議がっていた。

首都アクラに入ると、子どもも大人も「マスター、マスター、ギブミー、マネー」と言って、ものすごい勢いで手を出してくる。その様子を見て、クリスが指摘した。

「残念だけど、変な習慣ができてしまっている。これは先進国が資金援助をしすぎたからだ。ポールとマージェリンのようにイギリスからたくさんのボランティアが働きに来ているし、アメリカからの援助も多い。しかも、旅行者はすぐ子どもに何かをあげてしまう。だから、外国人から何かもらえるのが当たり前だと思うようになったんだよ」

変わった男だが、言うことに信憑性《しんぴょう》がある。でも、それが本当ならぼくたち日本人にも責任があるだろう。

少子化だけれど、人口は増加中

アクラの隣町、コクロバイトビーチでキャンプしているときのこと。近くにあった公立の小中学校、コクロバイト・ガバメントスクールに事前予約し、ヤーナと朝一番で訪問した。朝礼の後、国歌と校歌を斉唱。そして、ドンテンドンテン、タッタカターと鼓笛隊のような太鼓のマーチで生徒は教室に入っていった。校長に生徒数をたずねると、「新学期が始まったばかりなので、何人来るかわからない」とのこと。就学前の子どもたちもたくさんいるが、全然気にしていない感じ。実に大らかだ。

コクロバイト・ガバメントスクールで行った日本語の授業

「ところでお二人はどこから?」「日本とフィンランドですか。では、子どもたちに授業してくれませんか」と、校長に頼まれた。

教室はまるで海の家のようだった。床は砂地で、壁のない部屋もある。

見学した授業は数学と保健とガンズ語。この地域の家庭ではガンズ語を使用しているが、文字のない言語なので、ローマ字をあてて教えているそう。小中学生とも英語、ガンズ語両方で授業が実施されていたが、進行には問題なかった。文化継承には、言語が大事なのだとつくづく思う。ぼくとヤーナは自国について30分ずつ授業させてもらった。

黒板は傷んだ舗装道路のようにガタガタだった。全然チョークも走らない。そこに何とか世界地図を描いてぼくたちの授業をスタートさせた。

まずはヤーナ。さすが現役の小学校の先生だ。教壇に立つだけでその場がパッと明るくなる。彼女は数字を使ってフィンランド語の授業を行い、ぼくはヤーナの真似をして、1から10までの数字を使い、ひらがなと漢字で日本語を楽しんでもらった。日本から持参した割り箸を使って、日本文化も紹介。しかし、手で食べる文化の国だけに、箸が食事に使う道具であることを理解させるのが難しかった。

子どもたちは最初、恥ずかしがっていたが、時間が経ち、慣れてくると、自分から黒板の前に来て質問してくる。元気な子どもたちといると、こちらまで明るい気持ちになる。

放課後、先生方とミーティングさせてもらう。ある先生がこう語ってくれた。

「この地域は少子化が進んでいる。今まで一人の妻が10人以上の子どもを産むのがふつうだったが、近年は5人ほどになった。感染症や深刻なエイズについての教育には力を入れている。世界からの援助もあり、学校教育が普及してきた。また、衛生面も医療面もずいぶん改善されて、赤ちゃんや子どもが死ななくなった」

校長に「ガーナは人口増加があまりに急速なので、経済にも悪い影響が出ている。君たちの国はどうなんだ?」と聞かれたので、「日本も少子化です。一世帯につき、一人程度。やはり減少傾向にあり、とても心配です」と答えた。

ヤーナは「フィンランドは2人くらい。結婚しなくても子どもを産みやすい環境にある。でも、国は危機感を持っていて、少子化対策をしているわ」と言った。フィンランドは、日本と変わらない国土面積だが、人口は約530万人と少ない。人口減少はそのまま国力衰退につながる。「どこも国の未来が危ういね」と2人で心配した。

アフリカのどの国も今、人口は増加傾向にある。勝手に、アフリカの飢餓は深刻で、食料不足から病気が引き起こされ、死にいたり、その結果、人口減少になっているとイメージしていたが違っていた。彼らの食事を見ていると、確かに栄養バランスはよくないが、食料は想像以上に豊富だった。セックスがとても自由で、唯一の娯楽と思える地域も多かっただけに、アフリカで子どもがたくさん生まれるのも全然不思議なことではないというのもわかった。

アフリカは飢えていない。それがぼくの見解だ。

カメラがない！　悲しい誕生日

2010年1月12日。ガーナで55歳の誕生日を迎えた。朝食は卵、ベーコン、マッシュドポテトとイギリススタイル、午後のアフターヌーンティも、ダンたちイギリス人が中心になって祝ってくれた。夜はアイルランド人の大学院生、ブライアンが濃い目のアイリッシュコーヒーを作ってくれた。そしてダンスパーティ。宿泊しているキャンプ地で、たまたまレゲエグループのライブ撮影が行われていた。誘われてぼくも黒人たちと踊った。

　そこまではよかったのだが、このダンス中にカメラを盗まれてしまった。スリだ。ズボンのポケットから抜き出されていた。完全にぼくの不注意だった。

　翌日、村の警察署へ行った。3人の警察官がいて、サッカーの試合をテレビで観ている。いくら話しかけてもテレビに夢中で取り合ってくれない。ようやく話を聞いてくれたのはいいが、盗難ならキャンプを経営しているホテルのオーナーを連れて来いと言う。何とかオーナーを見つけて警察へ連れて行くと、今度はぼくをそっちのけでケンカをし始めた。

「先週だけで4件、これを入れて5件だ。盗難や窃盗があんたの経営するキャンプ地で頻繁に発生しているのに、なぜ報告にこないんだ」と警察官が怒っている。自分のホテルの評判を落としたくないオーナーは「客の管理が悪いんだ、人のせいにして」と言いわけを続ける。

　一段落すると、ようやく警察官はテレビを観ながら盗難証明書を書き始めた。だが、途中でガーナの選手がシュートすると、すぐに手を止め、歓声を上げる。書き終えたと思ったら、もう一人の警察官がそれを警察のノートに書き写し、3人目の警察官が両方を見比べて、内容を確認する。その後、再び最初の警察官がサインし、スタンプを捺印した。その一連の動作があまりに遅くて、イライラが頂点に達していたが、ここで怒ってしまったら、せっかく書いてもらった盗難証明書も水の泡になってしまうと思い、じっと我慢した。

それに、首都アクラの近くだったからよかった。都市部から離れた地方だと警察がないので、被害に遭っても保険請求で必要な盗難証明書を書いてもらえないからだ。それを考えれば、証明書の発行に1日かかったとしてもぼくはラッキーだったといえる。

翌日、新しいカメラを買いに出かけた。

アクラの高級ショッピングモールにパナソニックのカメラがあった。最新型と店の人は言うが、明らかに4年ほど前の製品で、日本ならすでに1万円くらいのものだったが、そこでは日本円で5万円ほどの値段で売られていた。悔しいが必要なので購入した。

有料ボランティアと青年海外協力隊の違い

ここで、日本人の青年海外協力隊について触れておきたい。

ぼくはマリで何人かの青年海外協力隊の人々と出会った。彼らは、今ガーナに派遣されて働いているが、休暇でマリに来ているとのことだった。そのなかの数名と一緒に夕飯を食べた。ぼくたちがこれから訪問するガーナには、たくさんの隊員がいることを知った。日本人の活躍がうれしかった。

ただ、彼らと話し、今まで知らなかった事実を知った。まず、往復渡航費、医療費などが支給されるのはわかっていたが、給料も支給されているそうだ。驚いていると、一人の女性隊員が、「給料とは言いません。再就職準備金、現地生活費、住居費として毎月受け取ります。任期を満了して帰国したら、200万円くらい通帳に貯金できています。ふだん、それらのお金を使うことがないので。だから、再就職するための活動資金にする人もいます」と教えてくれた。加えて出発前の事前研修として、申請すれば、日本で通った英語学校の授業料も出してもらえるそう。青年海外協力隊は無給のボランティアではないのだった。

ガーナでオアシス号に合流したイギリス人夫婦、ポールとマージェリンは、かつてガーナの孤児院でボランティアとして働いていた。ポールたちに日本の青年海外協力隊のことを話してみた。するとマージェリンは「いいわね、日本は。イギリスには世界のボランティア活動を紹介してくれる会社があるんだけれど、有料よ。斡旋《あっせん》料をこちらから払うの。もちろん、世界のなかから、自分の希望に合ったところを見つけることはできる。そのメリットは大きいんだけれど、ボランティア活動に必要な交通費、食費や滞在費まで自腹よ。日本の若者は恵まれているのね」とうらやんだ。

ベナン

ベナン共和国
Republic of Benin

- 人口｜約890万人
- 旧フランス領
- 1960年独立
- 首都｜ポルトノボ
- 通貨｜CFAフラン

シャワーは井戸水バケツ2杯まで

ガーナの次はトーゴを通過し、ベナンへ。ベナンの海沿いの道は舗装されており、検問所もなく、いたってスムーズに移動できた。

ベナンの実質首都であるコトヌーの近くに、ガンビエという水上村があった。ベナンでは最もポピュラーな観光地だったので寄ってみる。

ぼくたちが木製カヌーに乗って楽しんでいると、さまざまな商品を積んだカヌーが静かに近寄ってきた。子どもが船頭だ。パイナップルの切り売りを頼むと「水もどう？」とニコニコしながら勧めてくる。商売上手だ。値段の高いペットボトルの水を買ってしまった。

このあたりは水上村だけに、水は豊富なはずなのだが、井戸から汲む水量に制限が設けられていた。

キャンプ地でもシャワーを浴びるのに、バケツ2杯分の水しか使用を許されなかった。だから、知恵を絞って2杯を大事に使う。

そういえば、この旅を通して、少ない水で頭から徐々に洗うのがずいぶん上手になった。慣れるまでは途中で水がなくなってすすぎができず、髪や体に石鹸が残ったままベトベトになったことも何度もあった。

ところで、トーゴは今回は通過しただけなので大きくは触れないが、ブードゥー教の発祥の国である。途中、黒呪術の市場に立ち寄った。釘をたくさん打ち込まれた人形、サルの頭、ワニなど動物の干物や角《つの》が、さまざまな儀礼や薬の原料として売られていた。太鼓を使ったダンスや歌、神が乗り移り、精霊を呼び覚ます儀式など、ちょっと変わった体験もした。

ガンビエの水上村で働く子ども

トーゴで訪問した黒呪術市場

ナイジェリア

ナイジェリア連邦共和国
Federal Republic of Nigeria

- 人口｜約1億5830万人
- 旧イギリス領（ポルトガル領、フランス領）
- 1960年独立
- 首都｜アブジャ
- 通貨｜ナイラ

「どこから来た」「どこへ行く」。私設検問で道はいつでも封鎖

ベナンを出国し、ナイジェリアのイバダンへ入り、4日かけて首都アブジャへ向かった。

イバダンから、アブジャへ向かう道は、ベナンと打って変わってひどい道だった。アスファルトが剝《は》げて穴だらけ。補修された形跡がまったくない。当然、揺れがひどくて車内で本など読めない。グランツが道路の穴を避け、蛇行しながらトラックを走らせる。

それだけでもうんざりだったのに、この移動の4日間に、武装した警察や軍、さらに検問所を勝手に作り、通行料を要求する暇人たちに遭遇した。あまりに頻繁なので、みんなで数えていたら、24カ所もあった。異常だ。毎回停止させられるのが面倒で、地元のトラック運転手は握手する際、現金をそっと渡して通過している。ぼくたちは賄賂を払いたくないので、いちいち質問に答えるしかない。

検問では「どこから来たんだ」「どこへ行くんだ」の繰り返しだが、パスポートの提示を求められたり、車内に乗り込んできて荷物をチェックされたこともあった。全員のチェックが終わるまで1時間はかかる。まるで入国管理局や税関のようだった。

余談だが、検問などに関してアンディから次のようなアドバイスも受けていた。

「モーリタニアでは、誰かに『どこから来た？　どこに行く？』と聞かれても答えてはだめ。タクシーで宿に戻るときは、宿の手前で降りて自分の滞在先を悟られないようにして。後で訪問してきて、襲われることがあるから」

また、スーダンは、ナイジェリアほどではないものの、州境、日本でいうなら県境には必ず武装の検問所があった。スーダンでは州境を移動する際も、国からの移動許可証が必要だった。

電気は朝夕数時間だけ。24時間明るい町はどこにもない

首都アブジャは、これまで訪問した国々とかなり様子が違っていた。

ガラス張りの近代的な建物がたくさんあり、建築中のビルも目立つ。首都近郊の道路は整備されていた。いきなり美しい建物が現れたので、まるでスラム街に豪邸が現れたような、はた

また砂漠で蜃気楼《しんきろう》を見ているような、とても不思議な感じだった。

ところが、銀行など金融機関は正常に機能していない。首都なのにぼくたちは、闇金融（ブラックマーケット）で両替するしかなかった。

このあたりは、旅行者にとって難所の一つでもある。「今も民族、宗教の紛争が絶えない。暴動を封じ込めるため、道はいつでも封鎖できるようになっている」とリーダーのグランツが顔をしかめる。

ぼくたちが滞在中もこんな記事が現地の新聞に掲載されていた。「イスラム教徒でもある、ウマル・ヤラドゥア大統領が病気治療でサウジアラビアに滞在して2カ月にもなるのに、副大統領のグッドラック・ジョナサンに政権を任せようとしないため、混乱が起きている。ジョナサンがキリスト教徒だからなのか。この状態が続くと、宗教の違いを口実に、軍が政治に口出しする可能性がある」。紛争が起こる気配が漂っていた。

アブジャのような大都市でも停電は当たり前だった。電気が流れるのは朝7時から昼、夜は6時から10時ごろまでで、昼間は電気が流れていないことが多かった。インターネットカフェでメールと写真が途中で送信できなくなってもあきらめるしかない。当然、お金は返してくれない。店員は「明日、来い」と言うだけ。ある教会の空き地でキャンプをさせてもらっていたのだが、そこでは、ぼくたちの電気使用を制限されてしまった。カメラ、髭そり、コンピュータなどのバッテリーをみんなが一斉に充電しようとしたためだ。

アフリカでも悪名高きナイジェリアの大都市ラゴスでも、慢性的に電力が不足している。イギリス人のダンたちは、ラゴスへ一泊旅行に出かけたのだが、戻ってくるなり、「ホテルの自家発電機の音がうるさくて眠れなかった」とぼやいていた。都市の中心では例外的に夜中まで発電しているのだが、それが騒音の原因になっている。バーやレストランにもトラックのエンジンを使った大きな発電機があり、夜遅くまで、ブオー、ブオーと大音量が響いていたそうだ。

いずれにしても、アフリカに来てから電気が本当に貴重なものだと思うようになった。

高級売春婦が情報と力を持つアフリカ

アブジャでは、シェラトンホテル裏の敷地内でキャンプさせてもらっていた。滞在中、ぼくは一泊だけホテルに泊まった。その際、ホテルのバーで身なりや話しぶりからひと目でエリートとわかる人たちに、彼らの教育事情について話を聞くことができた。

彼らとの間を取り持ってくれたのは、高級売春婦たちだった。アフリカでは、国連やNGO団体、エリートの人たちと売春婦とのつながりが強く、彼女たちの情報量は相当なもの。そんな顔の広い売春婦たちと、絶妙なコミュニケーションを取るのがカナダ人のベッキー。彼女はレズビアンのせいか、それともはっきりと明るい話し方のせいか、売春婦たちとすぐに仲良くなり、彼らを紹介してもらうこともできたというわけだ。

彼らにどんな高等教育を受けているのか、聞いてみた。

「国が決めた、いくつかの検定試験を受け、合格すれば国立大学へ進める。しかし、村や町の学校教育でこれらの試験に受かることは不可能だ。大都市に住み、ちゃんとした授業を受けた高校生だけにチャンスが与えられるんだ」

自分の子どもを、アメリカのコーネル大学で学ばせているという男性は、「アブジャ大学は、確かにナイジェリア最高峰の大学だ。だが、高級官僚やビジネスの中心にいるエリートたちは、子どもを中学高校の段階からイギリス、アメリカへ留学させる。目指す大学はオックスフォード、ケンブリッジ、ハーバード大学あたりかな」と話してくれた。それを聞き、「でも、親が望む大学に子どもが入学できなくて、国の大学へ裏口入学させているのよね」と売春婦が茶化す。もちろん、優秀な人材は自国の国立大学でも育っているのだとは思うが、欧米の大学出身者の方が、この国の政治やビジネスを動かしている事実は否めない。

「日本にもノーベル賞を輩出するいい大学がたくさんある、どうだろう？　子どもたちに」と水を向けたが、反応はなかった。「中国は？」と聞いたが、それにも興味を示さなかった。

250言語が使われている国、英語が人々をつなぐ

ナイジェリアの南東にある都市カラバでは、カラバ・ガバメントスクールにヤーナと訪問した。校舎は平屋、窓にはガラスがない。校庭にはポールが一本立ち、国旗がはためいている。校門を入るなり、生徒たちの視線を感じた。茶色のスカートに赤の制服を着た生徒たちが、授業中にもかかわらず騒ぎながら集まってくる。事務室へ行くまでの間に何度も子どもたちが「どこから来た？」「何しに来た？」と英語で質問してくる。

事務室で校長に自己紹介し、学校見学を願い出た。ヤーナの笑顔が利いたのか、すんなり許可をもらえた。「国の許可を出せ」とか、「教師の身分証明を出さないと無理だ」と言って断られることが多いだけにホッとする。

さっそく英語を担当する先生が授業を抜けて案内に来てくれた。そして、メモを取るぼくに「これ何語？」と聞いてきた。まるでひらがなや漢字を見たことがないような様子だった。

ヤーナが言語についてたずねると「わが国では250以上の言語が日常的に使われています。方言を加えると約500の民族語があります。世界で最も多くの言語が使われている国です。人口はアフリカで最も多い1億5000万人。アフリカの6人に1人がナイジェリア人です。みんな違う民族語を話すのです」と誇らしげに話してくれた。ナイジェリアの公用語は英語だが、「これだけの民族語があるからこそ公用語としての英語がなければ、この国は成り立たなくなってしまう」と説明してくれた。

アフリカはどこも多重言語国家だった。

旅行業が本職で、上海で英語教師をした経験を持つイギリス人のスティーブは「英語しかできないのはアメリカ人とイギリス人だな。フランス人はフランス語だけ。でもね、英語は世界語になっているからどこでも不自由しないんだ。南米でも中国でも困らなかった」と言っていた。それを聞き、ぼくと同世代のオランダ人、ジャックが「昔は、第二外国語はフランス語で決まりだったが、甥たちは英語を選択するようになっている。EUになってからのオランダも変わってきたよ」と前に話してくれたのを思い出した。

その日の夕食後、キャンプファイアーで、「ナイジェリアは500もの民族語が使われている」「案内の先生が、植民地主義で多くの混乱があったけど、英語のおかげで部族間、国全体がコミュニケーションできるようになったと言っていた。アルファベットによって、民族文化の継承ができるようになったんだって」と、学校訪問で聞いたこと、印象に残ったことをオアシス号の仲間たちに話した。

「植民地政策がよかったんだ。文字を持たない民族が文字を手に入れたのだ」とイギリス人のジェフ。確かに、絶滅の危機にあった多くの民族文化を書き残せるようにした、植民地政策の功績は大きい。

「あんたの質問に答えたんだから、金をくれ」

カラバでのキャンプ地近くに、もう一つ、別の公立学校があった。予約などせず、飛び込みで訪問してみようと思い、着替えていたら、「ヒロ、学校訪問か。ぼくらも連れてってくれ」とブライアンとファーマーが声をかけてきたので、一緒に出かけた。

校長に面会できたものの、「国からの正式な訪問許可の手紙を持っていないからダメだよ」とやんわり断られた。しかし、それはいつものこと、ここで引き下がれない。何とか承諾を得たいと思い、いろいろ話すうちに、いい感じの雰囲気になってきた。ところが、同行したファーマーの右肩のタトゥが目に留まったとたん、校長の表情が一変した。怒り出し、「出て行け。すぐにだ」と問答無用で追い出された。「Ｓｏｒｒｙ」と書いてあるだけなのに。残念だった。

しかたなく外へ出ると、生徒たちがワイワイ騒ぎながら取り囲んでくる。昼休みのようだったので、彼らに将来の夢を聞いてみた。「戦闘機のパイロット」と答えた男子が3人いた。他にエンジニア、女の子は看護師、その他、会計士、医師、お金持ちと結婚したい、などだった。「プロサッカー選手になりたいのが一人もいないのか。不思議だな」とつぶやくと、ずる賢そうな顔をした10歳くらいの男の子が、「あんたの質問に答えたんだから、金をくれ」としつこく求めてきた。「夢を実現して自分で金を稼げ！」ときつく注意した。ファーマーのにらみが利き、彼は金をねだるのをあきらめた。

「イギリスやアイルランドに、こんな子はいる?」と聞くと、ブライアンとファーマーの2人は即「NO」。「日本はどう?」。もちろん、ぼくも即座に「NO」。校庭には、遊具やスポーツ施設がまったくない。あったのは木で作った網のないサッカーゴールと国旗だけ。アフリカで訪問した学校のほとんどがこんな感じだった。

94%のジャングルが破壊され、サルも絶滅の危機

ナイジェリアで、オリオン座が真上にくるようになった。虫やカエル、鳥たちの鳴き声で夜もうるさい。この旅でようやく熱帯ジャングルに入ったようだ。じっとしていても汗でシャツがベトベトになる。洗濯物は乾かない。樹木の成長が著しく、空に向かって激しい勢いで伸びている。空がせまく思えるほどだ。

カラバに滞在中、ファーマーたちを誘ってクロスリバー国立公園へ出かけた。アメリカの動物保護団体が運営するドリル保護地区がそのなかにあるからだ。獣医のキュースティンとベッキーがひと足先に訪問していた。ここではゴリラ、チンパンジー、ドリルが保護されている。特にナイジェリア東部からカメルーン西部の熱帯雨林に生息するドリルが今、絶滅危惧種になっているらしく、保護しないと大変なことになるという。

「この国のジャングルの94%がすでに破壊されています。残り6%は人間の体にたとえれば、

まさに親指程度の割合で、これも放っておけばなくなります。せまいところでサルたちは必死に生きているのです」とガイドが話してくれた。

ここでは、休暇を取って遊びに来ているというオランダ人女性２人とも少し話をした。

「ジャングルが破壊されて、サルたちが住めなくなってきても、このような保護活動にアフリカの人たちがお金を使うことはない。だから海外の活動家が活躍しているわけ。公園のオフィスにロシアの国旗が飾ってあるでしょ。最近、ロシア大使が訪問して国旗を置いていったそう

きれいなサルがいっぱいいた

キャノピーウォーク中に見たサル

保護地区内で飼育中のドリル

よ。アメリカの団体が始めたプロジェクトだけど、今はロシア人たちも、そして、オランダ人の私の友人たちもここで働いているの。でも、黒人のボランティアはいない。あなたたちがこれから行く中央アフリカも、自然破壊がかなり深刻よ」

完成したら使うだけ。メンテナンスの概念がない

「ナイジェリアでは、70年代に石油ブームがあったんだ。でも、政治の腐敗で35兆円が消えた。言葉が悪いけれど、政治家が盗んだんだ。自分たちが儲けることしか考えていない放漫経営と浪費のせいだ。35兆円というのは過去40年間にアフリカに援助された金額の4倍だよ。それで借金国になって、しかも、人々は働かなくなって、農業中心だった社会構造が完全に崩壊してしまったんだ」。イギリスの資源開発に携わっているダンが説明してくれた。仕事でも中央アフリカに駐在したことがある専門家だ。

そんな矢先、妻からこんなメールが届いた。「テレビでナイジェリアの石油採掘跡地について放送していました。かつては石油産油国として期待されて先進国の手が入っていたけれど、採掘による汚染事故などで住民の反対に遭って結局撤退したそうです。原油が沁《し》み出てきて土地は汚染されたまま。農地にはなり得ないようです」。おもしろいテーマなので、興味のありそうな数人に話した。欧米人たちはこんな見解を話してくれた。

「住民の反対で、資源プロジェクトが中止され、撤退することは絶対にない。資源や金に関することは政府主導で決まるのがふつう。住民の意思が反映されることはないだろう」

「プラントが完成したら使うだけ。ナイジェリアの国民性なのか、彼らにはメンテナンスの概念がないから維持管理、修理をしないんだ。ホテルのトイレがいい例だ。覚えているだろう、ウンチの山。誰も修理しようとしないからだ。最悪だった」

「住民の多くに汚染、環境に対する意識がない。川にカーウォッシュの看板もあって、みんな浅瀬で車を洗っていたよね。タクシーはそこでオイル交換もしていた。その川下では洗濯をしている。人々は下流のことなど考えていない」

「仕事や金につながるなら、自分の利益になるので住民は反対しない。そのくせきちんと管理せず、うまくいかないと後になって騒ぐ。政府と国民のレベルは同じだ」

批判的な意見が多かったが、イギリス人のダンは好意的だった。「ぼくらは、ナイジェリアやカメルーンをディープグリーンカントリーと呼んでいる。この国もここの人たちも大好きだ。だからこうして旅している。将来、ジャングル公園の保安官のような仕事に転職したい」。

ダンはこの旅を終えたら、南アフリカで就職活動をする予定だ。

カメルーン

カメルーン共和国
Republic of Cameroon

- 人口｜約1890万人
- 旧フランス領
- 1960年独立
- 首都｜ヤウンデ
- 通貨｜CFAフラン

ジャングル怖し。道があるだけマシ

虫、虫、虫。体じゅう、蚊やわけのわからない虫に刺されてボコボコだ。両手には水ぶくれもできた。かゆいし、痛い、持参したムヒも効かない。

中央アフリカは、熱帯気候でジャングルが多い。アンディから虫についての注意があった。昨年は寄生虫に3名がやられたそうだ。皮膚の下を這い回る虫がジガー、足の爪の間に入り込む寄生虫がラバだ。

「治療はできるし、死ぬことはないので心配しないで。サンダルではなく靴を履いておけば大丈夫だから」。今回の旅では誰も被害に遭わなかった。

ジャングルで大変なのは虫だけではない。キャンプ場所を探すのもひと苦労だった。主要道路を外れると木々が密集していて、オアシス号を駐車させたり、24人分のテントを張ったりするための広い場所が確保できない。その上、雨が降ると、ジャングルでは不気味なざわめきが起こる。55歳のぼくでも泣きそうになるくらい、これが本当に怖いのである。

ナイジェリアの国境を越え、熱帯ジャングルの国カメルーンに入ったときだ。

「カメルーンは今まで以上にひどい。道がとにかく悪いんだ」と言って、グランツがオアシス号の大きな排気管と消音機を取り外した。悪路を走破するには、地面と車底の空間を少しでも大きくする必要があるからだ。すべてのタイヤの空気圧も落とし、グリップ力を高める。

ジャングルの道は赤土だ。ぬかるみが乾いてカチカチになった轍《わだち》が続き、道はデコボコ。小型車が通る幅はあるのだが、両わきから強烈な生長力を持つ木々が道を呑み込んでいるので、小型車でも簡単には通れない。そんな道を、オアシス号がすいすい通り抜けられるわけもない。

ジャングルの道は狭くきつい！　道を拡幅中

道幅が狭くなるたびに全員が下車し、スコップやツルハシを使ってオアシス号が通れるように道幅を広げる作業を行った。腕や体に汗で土ボコリが流れた筋が何本もできる。オアシス号にはワイヤーロープなど悪路脱出用の道具は揃《そろ》っているので、後輪が轍につかまり、完全に宙を舞って立ち往生している他のトラックを助けることもあった。

幸い、晴天続きだったので、最悪の道、5キロメートルを一日で移動することができた。「人が歩くから道になる、人が通らなければ道は消える」というような意味のことわざを思い出した。まさに名言。悪路でも道があるだけましなのかもしれない。

腸にキノコが生えていた⁉

オーストラリア人女性、キムは毎朝ジョギングと縄跳びを欠かさない。健康的でファッションモデルみたいな体型だ。そのキムが、ナイジェリアの首都アブジャのシェラトンホテルに宿泊した際、血便を発見した。デビッドが血尿に気づいたのと同様、白い便器は健康チェックになるようだ。少し前から腹痛を伴っていたようだが、ぼくたち男性陣はさすがに気づかなかった。彼女はしばらく様子を見ながら、持参した胃腸薬やアンディからもらった強い薬を飲んでいたようだが、一向によくならなかった。

とうとうどうにも我慢ができなくなったキムは、カメルーンで医師に診《み》てもらった。ぼくは心配だったので、診察結果を聞いた。すると「腸にファンガス（キノコ）が生えていたみたい」とキム。腹痛を抑えるために強い薬を飲んでいたせいで、腸の善良な細菌も殺してしまったようだ。自分勝手に薬を飲むと、とんでもないことになるから注意しようとみんなで話した。

キムは、ギリシャの高級リゾート地で整体や美容マッサージの仕事に携わり、数カ月で、今回の旅費を稼いだ。数年前、すでに同じオアシス号で南アフリカからナミビアを経て、カイロまでの旅を経験していたので、自身のアフリカ一周が完了するナミビアでオアシス号から離れていった。ぼくが、お別れのお茶会を開いたら、お返しにレインコートをくれた。レインコートがなくて、ぼくが雨の日に苦戦しているのを見ていたようだ。そして、「サンキュー」と言って強くハグしてくれた。

そういえば、キムには、ブルキナファソで靴を外に放り投げられた。それも懐かしく思えた。気の強い、意志のはっきりした女性だが、笑顔が愛らしかった。タイで友人と会ってから、パースの自宅へ帰ると話してくれた。なぜか彼女を待つご両親のことが頭に浮かんだ。キムに対して自分の娘たちを見ている気分になったのかもしれない。

「アメリカに連れてって」

カメルーンのエコックは国境の小さな町だ。道がまったく舗装されておらず、ほこりっぽい。

土の道路も轍で波打っている。走っているのはどれも日本の中古車。後輪のサスペンションを改造し、20センチメートルほど高く上げている。悪路でもスムーズに走るためだ。

入国手続きのため、オアシス号の仲間たちと警察兼出入国事務所で、パスポートの返却を待っていると、すばしっこそうな12歳くらいの男の子一人と、女の子2人が裸足で駆け寄ってきた。そして、なぜかアメリカ人のルークとぼくに話しかけてきた。

「アメリカに一緒に連れて行ってほしい」「え？　何て言ったの？」とルークが聞き返した。フランス語ではなく、「アメリカへ行きたい。連れて行って」とはっきり英語で言う。

「なぜぼくがアメリカ人だと思うの？　他にもここには白人がたくさんいるよ。隣のヒロは日本人だけど」と笑顔でルークが言った。元海兵隊員だけに、体はがっしりしているが、顔はキリストのように優しい。「みんなアメリカ人じゃないの？」と子どもたち。周りで聞いていた仲間たちは笑い出した。ルークが「ここは元フランス植民地だけど、フランスではなくアメリカがいいんだね？」とたずねると、「そうだ」と言う。

「アメリカには何でもある。テレビを観て知っているんだ」と力《りき》んだ。

「親は知っているの？」とぼくが聞くと、「親も行きたがっている。すぐに呼んでくる」と言い残し、女の子2人が飛び出し、父親らしき男を連れて戻ってきた。どうも2人は姉妹だったようだ。父親にルークが英語で話をするが通じない。ベッキーがフランス語で話しても通じない。姉妹の姉の方が英語から現地語に訳して父親に伝えている。「お父さんもアメリカへ行きたいと言っている」。ルークが優しく「テレビと実際のアメリカは違うよ」と言っても、姉妹でしつこく「連れて行け」を連発した。「NO。君たちを連れて行くことはできない」。こんな問答をしばらく繰り返した。

アンディが戻り、ぼくたちもパスポートを受け取ることができたので、「ごめん、ごめん」と言いながら、みんなオアシス号に乗り込んだ。

すぐに、女の子の一人が追いかけてきて、窓の下から手を伸ばし、ルークにクッキーを渡した。「ありがとう」と言い、受け取ると「金、金を払え、金」と大声で訴えてきた。ルークは黙って、窓からクッキーをポンと投げ返した。

子どもはぼくたちの想像を超える要求をしてくることがある

国立大学はなぜかフランス語が主流

「カメルーンはナイジェリア同様、破産国で世界銀行からお金を借りることはできないけれど、人は明るくて楽しい。大好きだ。ビールを飲んでサッカーを観ては盛り上がっている。

みんなすぐに歌って踊るんだ」とイギリス人のダン。彼はかつてこの国で働いていたことがあるだけに、心底カメルーンを愛しているようだ。

ぼくたちは、リンベという都市の、あるホテルの裏にあるプールサイドを借りてキャンプした。海岸のすぐ近くだ。泳いで行けそうなところに煙突から炎が上がる油田の海上やぐらが見える。海岸では、子どもと老人が網を修繕していた。まさに「老人と海」を彷彿《ほうふつ》させる景色が目の前に広がっている。のどかでおだやかな漁村だ。

近くのレストランへ立ち寄ったら英語が通じたのでうれしくなる。焼魚とプランテインバナナのランチを食べた。その帰り、250ccの中国製バイクタクシーで市内観光をしていたら、小学校を見つけた。カメルーンはフランス語圏だと思っていたので、やや緊張しながら一人で様子を見に行ったところ、ここでも意外に英語が通じて、すんなり学校見学の許可を得られた。

この小学校では、英語と現地語のバイリンガル教育を小学4年生くらいから始める。カメルーンの公用語はフランス語と英語。加えて民族語が250くらいあるそうだ。

「わが国の国立大学はすべてフランス語で授業しているんです。そのため、リンベのような、カメルーン西部の英語しか話せない地域の出身者は大学に行けない。それを改善するため、大学で、英語でも学べるようにしてもらう運動をしているんです」「カメルーンの公用語はフランス語と英語、両方なんです。でも、両方話せる人は少ないのです」と案内してくれた先生が話してくれた。

帰り際、子どもたち全員が教室から出てきて、大声で手を振って見送ってくれた。

キャンプ地に戻り、「ここの町はフランス語ではなくて、英語みたいだね」とヤーナに話しかけたら「ここの学校は最低！」とプリプリ怒り出した。彼女も別の学校を見つけ、見学を申し出たらしい。そうしたら、男性の校長に「学校を見学したいなら、金を払え」と言われたそうだ。

ヤーナが「お金は払えません」と言うと、「じゃあビールを買って、持って来い」。「クッキーはどうですか？　子どもたちも食べられます。ビールは困ります」「クッキーはいらん。今夜、付き合うなら、見学させてやるが」。とんでもない校長に会っていたのである。

「フランス語でも英語でもいいけど、あんな校長のもとで、子どもたちがどんな大人になるのか。ちょっと怖いわ」。ヤーナの怒りはしばらくおさまらなかった。

学校を見つけてくれたバイクタクシーの運転手

ガボン

ガボン共和国
Gabonese Republic

- 人口｜約145万人
- 旧フランス領
- 1960年独立
- 首都｜リーブルビル
- 通貨｜CFAフラン

「君たちは高く売れる、日本人は特にね」

「ごめん、ヒロ。ランバレネには行かない。ここ、ロペ国立公園から進路をコンゴ共和国の首都ブラザビルへ変更する」とグランツが決定した。

シュバイツアー博士のいた町、緑のジャングル、ガボンのランバレネに行けなくなった。オアシス号で楽しみにしているのはぼく一人だったから、ショックを受けている仲間はいない。

進路を変更することになったのは、アンゴラとの国境近くの町、コンゴ共和国のカビンダで、複数の外国人が殺されたからだ。「この地区は保険の適用外にする」と、イギリスの保険会社から衛星電話でオアシス号に連絡が入った。しかし、イギリス外務省の機関で、海外旅行者に向けて情報発信をしているFCO（British Foreign & Commonwealth Office）は、カビンダを「要注意地域」にしているものの、「NO GO ZONE」とはしていなかった。

モーリタニアでスペイン人が誘拐された後、マリでも複数のフランス人が誘拐された事件があった。日本ではあまり報道されないが、アフリカではこうした外国人の誘拐事件や殺人事件が跡を絶たない。「金になるから」と、旅行者より駐在員やその家族が狙われることが多い。

こうした事件を聞き、ナイジェリアの首都アブジャのシェラトンホテルでのできごとをふと思い出した。

ホテルのロビーで、テレビニュースを観ているぼくとヤーナに話しかけてくる男がいた。高級そうな黒のスーツに、ピンクのド派手なネクタイという出で立ちのその男は、「君は日本人か？　君（ヤーナ）はどこからだ？　君たちは高く売れる、日本人は特に高く売れる」そして、「北には行くな、注意しろ」とニヤリと笑い、去って行った。少し気味悪かった。

しかし、後で、アブジャ北部で内戦が起こり、数十人が死んだことを知った。その男はぼくたちに危険を予告し、注意を促してくれたことになる。北に向かっていたら、間違いなく内戦に巻き込まれていたからだ。

それにしても、日本人だからなのか、ぼくは誰よりも過剰に「危険」に反応していた。そんなぼくに、経験豊かなバックパッカーでもあるマルコが「中央アフリカは確かに内紛も多いし、難所ではある。だけど、ぼくたちは10カ国以上の出身者が一緒に行動しているわけだろう。ぼくたちに何かあったら、それぞれの母国が放っておかないよ。日本だって、そうだろ？　オアシス号なら安全に旅ができる。そう思ったからぼくも参加したんだ。心配ないよ」と慰めてくれた。

「NO GO ZONE」について、もう少し触れておきたい。たとえば、アメリカから日本を訪問するとする。アメリカ外務省が「東京で内戦があった。治安が悪化。危険地域として指定する」と情報発信したら、それは「日本には行ってもいいが、東京を避けて比較的治安のいい地域から入国するよう進路を変えましょう」ということ。

アフリカではときどきこの危険地域発生を意味する「NO GO ZONE」の警告が通知された。発信源はイギリスの保険会社かＦＣＯ。訪問国が旅行者に「そこは行くな、迂回しろ」と警告することもあった。基本的に、ぼくたちはイギリスの情報にしたがって旅をした。グランツとアンディは、絶えず最新の危険情報を収集し、安全第一で旅をリードしてくれていた。

コンゴ共和国

コンゴ共和国
Republic of Congo

- 人口｜約380万人
- 旧フランス領
- 1960年独立
- 首都｜ブラザビル
- 通貨｜CFAフラン

ペットボトルをあげたら踊り出した子どもたち

「コンゴ共和国は人口370万人だね」とガイドブックに記載してあることを、声に出して読み上げると、「あくまで推定だよ。それは推測と推定」とイギリス人たちが笑った。「茶化しているのではなく、アフリカの数字はまず疑った方がいい。ヒロはすぐにガイドブックやガイドの説明を信じるんだから」とそのなかの一人、スティーブに指摘された。

コンゴ川の河口一帯はかつてコンゴ王国が栄えていたが、ベルギー、フランス、ポルトガルの植民地となり、フランス領だったところが現在のコンゴ共和国、ベルギー領だったところがコンゴ民主共和国、そしてポルトガル領だったところはアンゴラとなっている。

ちなみに、コンゴ民主共和国は97年までザイールという国名だった。

さて、コンゴ共和国に話を戻そう。

コンゴ共和国は内戦が7年ほど前まであった。その際、あちこちの道路が寸断されたそうだ。補修中の道を走り、集落をいくつか通過した。車の窓から見える家々は木と葉でできている。どこも貧しいのだとひと目でわかる。ただ、同じ国なのに村や地域によって、人々の肌の色や顔のかたちが違うのには驚いた。部族が異なるのだろうか。

ある村のはずれに駐車すると、子どもたちが集まってきた。今まで出会った黒人の中で最も肌が黒い。そのせいか表情が硬い気がした。腕を胸の前で組み、しかめっつらをしてぼくたちをじっと眺めている。ランチのときも、フォークを使って食事をする白人の集団が珍しいのか、遠巻きに見ている。まるで見世物小屋だ。

食事の後、アンディの指示で、いくつかの空きビンやカラのペットボトルをオアシス号から取り出して、子どもたちに差し出した。ビンやペットボトルがアフリカの人々にとっては貴重な食器になることを、アンディたちは旅の経験から知っていた。そのため、ふだんから容器が空くと捨てずにしまっていたのである。事実、子どもたちは空きビンやペットボトルが出てくるとさっとぼくたちの近くに寄ってきた。

ぼくは、ランチでカラになったばかりのピーナッツバターの大きなビンを一人の女の子にあげた。彼女は指でビンに残っているピーナッツバターをすくって舐《な》め出した。そして、横にいた子にビンを渡した。同じようにその子も舐めた。あっという間にきれいな空きビンになった。

ぼくたちからビンやペットボトルを受け取ると、中学生くらいのお姉さんぶった子が、いきなり笑顔で「アーラララ ラ」と叫び、阿波踊りのように両手を上げて腰を振って踊り始めた。

朝食中の風景。料理担当がパンケーキを焼いている

昼食を見に集まった子どもたち。なぜかツッパっていた

ピーナッツバターのビンをじっと見つめる女の子

他の子どもたちもつられて手を上げ、「アーラララ」と踊りながらステップを踏む。お礼のダンスだった。ぼくらも一緒に「アーラララ」と踊った。気持ちがよかった。

子どもたちは、洗っても絶対に白さは戻らないと思うほど汚れた上着を着ていた。学校の制服のようだ。ズボンやスカートはまちまち。どうやら学校帰りだったようだ。気を許してくれたと思い、ベッキーにフランス語で親の仕事や職業を質問してもらった。だが、何も答えてくれなかった。もしくは家にいるとしか言わない。内戦の絶えないところだけに警戒しているのだろうか。

もう少し長くフランスの統治が続いていたらよかったのに

コンゴ共和国で日本人のシスターに会うことができた。

高木良子さん。小柄でとても清潔な女性だ。流暢《りゅうちょう》なフランス語と現地語を話し、フランス人のシスターと共に活動している。「コンゴに、現時点で在留している日本人は私一人です。東京の瀬田修道院から派遣されて、20年ほど住んでいます」

「戦争のときはどうされたんですか？」と聞いた。

「神のご加護です。ここ首都での戦災時は、バチカンに出張中だったので難を逃れました」

海外邦人宣教者活動援助後援会からの寄付やガボンにある日本大使館からの援助があり、幼稚園と女性のための職業訓練学校を教会内で運営していた。彼女の幼稚園は、アフリカで訪問した学校のなかで最も整理整頓され、きれいだった。

「今日は女性の日で、教師の多くは女性なのでお休みなのですが」と言いながら、園内を案内してくれた。見学したのは職業学校の料理と裁縫のクラス。14歳くらいから30歳くらいまでの女性が、ミシンがけやケーキ作りを学んでいる。看護師のクラスもあった。「まず、彼女たちには西洋文化に触れさせることから始めなくてはなりません」。

10年前までこの首都は廃墟だったそうだ。高木さんは、「フランスの植民地政策が、コンゴ人が自立できるまで、もう少し長く続けば、悲惨な紛争は避けられたと思うのですが」と話してくれた。あまりにも未熟な状態で独立したことが、アフリカ諸国の悲惨を招いたのだろうか。

高木シスターの存在は、日本のODAなどが道路や井戸を作ったことよりも、オアシス号の仲間から高く評価された。ぼくも高木さんは日本の大きな誇りだと思う。

「コンゴ民主共和国へ行くの？　ここより治安が悪いから相当注意が必要よ。特にフェリー乗り場は近づかないで」

シスターにそう忠告を受けた国へ、ぼくたちは向かおうとしていた。

コンゴ民主共和国

コンゴ民主共和国
Democratic Republic
of the Congo

- 人口｜約6780万人
- 旧ベルギー領
- 1960年独立
- 首都｜キンシャサ
- 通貨｜コンゴ・フラン

治安・盗難から自分で自分を守るしかない

コンゴ民主共和国へ入国する前、オアシス号はいつになく緊張感に包まれていた。夕食やちょっとした時間を使っては情報を交換し合った。ロンリープラネットのガイドブック、イギリス外務省からの危険情報、専門書などから知っていることをそれぞれが発表する。特にジャーナリストのカレンが詳しく教えてくれた。

「コンゴ民主共和国の人口は推定で約６７００万人。元ベルギーの植民地というのはみんな知っていると思うけれど、その統治時代に黒人たちは奥さんや子どもを人質にされた。働きの悪い者は両腕を鉈《なた》で切られたりしたの。だから、当時のベルギー王はかなり評判が悪いのよ。奴隷の港としても有名よね。

コンゴ川は別名『血の川』とも呼ばれていたの。キサンガニの市民が、コンゴの内戦時に隣国のウガンダと、ルワンダ軍の無意味な戦いで虐殺されたことで、川が血に染まったから。

この国には250部族、方言も含めて700語もあるけれど、公用語はフランス語。国連軍1万7000人が今も駐留している。世界で一番多く国連兵がいる国よ。首都キンシャサは、隣国ナイジェリアのラゴス、エジプトのカイロと並んでアフリカ3大悪名都市の一つ。誘拐、車やバスのカージャック、反政府ゲリラによる突発的な内戦もあって、内地への旅行は無理なところよ」

カレンのひと言ひと言に緊張がどんどん高まっていく。とにかく社会情勢がまだまだ不安な国で、十分な注意が必要ということだ。

カメラは命取り。「撮るのは自殺行為よ！」

コンゴ共和国を出国するため、フェリー乗り場へ向かった。首都ブラザビルをオアシス号で走っていると、町のいたるところで装甲車や兵士を見かける。建物には無数の弾痕があった。

広い庭の塀を有刺鉄線で囲まれたロシア大使館を曲がり、フェリー乗り場に到着した。埠頭には、ワニの開きを焼いて料理したり、亀を裂いて卵を採っていたりする、相当えぐい、ショッキングな市場があった。

コンゴ川が国境だ。ぼくたちはオアシス号ごとフェリーに乗り込み、ここから対岸にあるコンゴ民主共和国の首都キンシャサへ渡る。

アンディからは、「波止場もフェリーのなかも泥棒、スリの溜まり場になっているの。だから、最高レベルの注意をするように」と指示が出ていた。船での写真撮影は命取りになるので、「撮るのは自殺行為よ！　責任は持たないからね」とも言われた。ぼくは、時計と財布を腹に巻きつけた。心なしか緊張している自分を感じる。

波止場に到着したどの船も、荷降ろしと荷積みを同時に行うので、周辺はまさにカオス状態だった。そんな喧騒のなか、ぼくたちはオアシス号と共にフェリーへ乗り込んだ。

突然、ぼくの目の前で、積荷の石鹸ダンボール箱をばらし、盗みを働いた少年がつかまった。警備員にこん棒と太いムチでボコボコにされた。目は切れている。血に染まった赤い歯、背中の皮膚は裂け、めくれていた。その傷口から血がにじみ出ている。

汗や体臭の強烈な匂いと罵声《ばせい》がうずまくなか、少年はほぼ半殺しの状態で、フェリーからつまみ出された。その光景を見ても誰も止めない。これでいいのか。ぼくは固まってしまった。

さらに驚いたのは次の瞬間だった。出航したとたん、何事もなかったように乗船客たちが、みんなでリズムをとって歌い出したのだ。まるでシュールな映画のワンシーンのようだった。

「これはすごい！」とブライアンやスティーブが叫んだ。「これこそがアフリカだ。この体験をするためにアフリカに来たんだ」と興奮していた。クリスとカレンはそんな彼らを横眼で見て「バカみたい！」とつぶやいた。

ふつうの船旅なら、車から離れて海風を浴びながら船上からの景色を楽しんだりできるのだが、今回、そんなことは許されなかった。ぼくたちは片時もオアシス号から離れなかった。それどころか、乗船後、最初の10分ほどはずっとみんなで手をつなぎ、巨大なオアシス号をぐるりと取り囲んで立っていたのである。グランツの指示だった。そうでもしないと、一瞬のすきをついて、タイヤやウインカーなど目に付くものがすぐに盗まれてしまうのだという。もう誰も近寄ってこないようだと判断し、つないだ手を離しても、交代で見張っていた。

約1時間後、コンゴ民主共和国の港に到着した。緊張していたせいか、ずいぶん長い時間のように思えた。

有刺鉄線でぐるぐる巻きの国連ビル

下船してからも大変だった。入国まで延々と待たされたあげく、ナイジェリアで１週間かけて観光ビザを約１５０ユーロ（約1万７０００円）で取得していたのに、別途60ＵＳドル（約５８００円）を請求されたのだ。しかし、怒ってはいけない。余計な出費を避けるため、いつも笑顔で価格交渉をしていたアンディも、ここの移民官にはギブアップ。しかたなくビザ取得代を支払い、入国にこぎつけた。税関のトイレですら、お金を支払わないと利用できなかった。女性陣は怒り心頭だったが、これもまた我慢するしかなかった。

首都キンシャサは、走っている車そのものは少ない気がした。そのせいか、白いランドクルーザーや、ランドローバーに青字で「UN」と書かれた国連の車両ばかりがやたら目につく。バイクはほとんど見かけなかった。高いビルは、それほど多くないが、建物のどこもかしこも泥棒や強盗よけの有刺鉄線でぐるぐる巻きになっている。国連のビルでさえ、塀すべてが有刺鉄線で囲まれていた。当然、なかには入れてもらえなかった。

コンゴ共和国の首都ブラザビルに比べると、ずいぶん都会だ。ただ、大通りは、ところどころ舗装が剝げているし、雨上がりの裏道はドロドロにぬかるんでいて、ゴミためになっている。

ぼくたちがキャンプをさせてもらった教会で国連の人々を見かけた。声をかけてみたが、忙しいのかあまり話そうとはしない。

「風変わりな観光客や国連を批判するボランティア活動家も少なくないからね。バックパックの旅行者も、何かとすぐに助けを求めるから印象が悪いんだろう。ぼくたちが嫌われるのもしかたないよ」とイギリス人のジェフ。「トラックが故障して立ち往生していても、国連の車両は無視して通りすぎる。売春婦なら助けてもらえるかもしれないんだけれど」とリーダーのグランツが冗談交じりに言った。

植民地時代は欧米人の最高級リゾート地だったのに

アンディが、ビールグッズの収集が趣味ということで、グランツやデビたちも連れ立って、〝アフリカのビールの王様〟と称される「プリムス」のビール工場へ出かけた。中庭の木陰で、ここでしか味わえないアフリカンビールを楽しむ。キリッとした味わい、すっきりしたのど越しが心地よい。

　工場の隣にテニスコートがあり、白人の家族が、黒人のコーチからテニスを習っていた。その姿を眺めながら、「ここはエイズの発祥地みたいだし、治安も悪いし、いいところがないね」とぼくが愚痴ると、ほろ酔いかげんのイギリス人女性、デビが「こんな国だけど、独立前はイギリス人やベルギー人の最高級リゾート地で、礼儀作法の学校《フィニッシングスクール》に通う裕福なお嬢さんたちの卒業旅行先だったのよ」と教えてくれた。

お世話になったキンシャサの教会。ここなら安全だ

　また、グランツはこう加えた。「今、内陸に入るのは命がけ

だ。人食い部族もいるしね。冒険家スタンレーの軌跡を求め、危険を覚悟で、インド洋側の東海岸からこの国まで横断したジャーナリストの体験談本がオアシス号にあるよ。彼は国連スタッフにかなり助けてもらったようだけど」。

その後、南アフリカからオアシス号に乗ってきたイギリス人のウィルにも、ジンバブエでこんな話を聞いている。

「アフリカ旅行へ出発する前、おじいちゃんとおばあちゃんが若いとき旅行した写真をたくさん見せてもらったんだけど、コンゴ川の汽船下りはとても優雅そうだった。昨日のフェリーとは大違いだったよ」

彼らの祖父母は、昔の良きアフリカを知っている。イギリスをはじめ、ヨーロッパやアメリカからすれば、アフリカはとても身近で、歴史的に見てもつきあいが深いのだと改めて知った。コンゴ民主共和国がベルギーの植民地だった50年代後半には、ヨーロッパ人にとって、アフリカ旅行といえば、大型汽船でコンゴ川を下ることだった。まさにセレブのリゾート地だったわけだが、それが今や無法国家もいいところ。資源大国なのに経済も確実に逆行している。鉄道も完備していたのに、今ではジャングルが線路を呑み込んでいる。中部アフリカ、ウガンダよりの地域では、マイマイ族など反政府ゲリラが、理由なき殺害を繰り返している。彼らには人食いの習慣が今なお残っていると聞いた。政治が悪いと50年でここまで悪くなるものなのだろうか。

それでもいつか優雅なコンゴ川下りが再開される日はくるのだろうか。

余談だが、ウィルの祖父は、イギリスの大手食器メーカーの創業者だった。なるほど、服や鞄など彼の持ち物はどれも高級で上質だった。でも、彼は、そんな恵まれた家庭環境に甘えることなく、自分で資金を貯めてオアシス号に乗り、アフリカを旅していた。カイロに到着したら、その後は、インド、南アメリカを経てニュージーランドまで行くという。

裕福に育ったウィルが、なぜわざわざオアシス号に乗ったのか不思議だったが、イギリスには「ギャップイヤー」というのがあることを思い出した。高校卒業から大学入学までの間、入学先が決まってから進学を一年ほど先に延ばして、旅行やボランティア活動、あるいは働くことができるという国の制度だ。この期間を利用して大学では得られない経験をすることが推奨されているのだ。アルバイトに精を出し、今後の学生生活のための資金を貯める人もいれば、外国を旅行したり、留学したりして見聞を広める人もいる。つまり、イギリス人であるウィルにとって、若いうちに自己資金で海外を旅することは、裕福な家庭育ちとかに関係なく、ごく当たり前のことだったわけだ。

マラリア予防薬は現地で購入した方がお得

首都キンシャサで、フィンランド人のマルコが発熱した。マラリアと診断されたが、大都市だったので、すぐに治療してもらうことができ、回復した。病院の設備はどこもひどいが、医師はマラリア患者に慣れており、的確で早い治療を行ってくれる。

今回の旅で結局、男性ばかり6人がマラリアにかかった。「マラリアは、メスの蚊が媒介するからだわ」と女性陣が茶化していたが、真意はわからない。一番ひどかったのはファーマー。ガボンで発症したのだが、彼のかかった熱帯マラリアは威力があり、耳から出血し、オアシス号の「ビーチ」と呼ばれる病人用ベッドで数日間もだえ苦しんだ。みんなで交代に看病したが、病院を見つけるまでに時間がかかり、またその間何もしてあげられず、本当に気の毒だった。

意外にもぼくのような年配組はかからず、元気な若い男たちがマラリアになった。「あんたたち、裸で何しているの。マラリアにやられるわよ」とアンディがいくら注意しても、彼らは聞く耳を持たない。蚊の多いジャングルの川で泳いだり、虫除《よ》けを塗るのを面倒がったり。そこへ行くと、年配組は肌を露出する際には必ず薬を塗るし、どんなに暑くても長袖のシャツを着る。それだけでずいぶん違うわけだ。マラリアもそんな具合にちょっとした予防で回避できるのだと学んだ。

日本を発《た》つ前、実は予防接種のないマラリアがとても怖かった。複数のクリニックに相談し、

10カ月分のマラリアの薬を求めたら、厚生労働省には3カ月分しか許可していないと言われた。それでマラロンという最新の輸入薬を、医師の勧めで購入した。1錠約1500円。とても高い。医師の指示で緊急時のために12錠3日分だけ購入した。

アンディに教えてもらい、モーリタニアでマラリア予防薬300錠を約30ユーロ（約4000円）で買った。アメリカ人たちは健康保険を使い、無料で入手していた。イギリス人もオランダ人も数万円で1年分を買っていた。どうして日本で買うとこんなに薬代も高くなるのか。日本はアフリカへ行く旅行者に冷たい。

写真を撮っただけで金を出せ。もしくは「逮捕する」

ここで、アフリカでの写真撮影について触れておくことにしよう。

カメルーンの首都ヤウンデでのこと。「警察に捕まったの。運良くカメラは返してもらえたんだけど」。タクシーで帰ってくるや否や、オランダ人のカレンが疲れた声でそう言った。政府関連施設でもある郵便局の写真を撮ったというのが逮捕された理由だった。

雑誌や新聞にも寄稿しているカレンはプロのジャーナリスト。しかし、ビザを申請するとき、そして移民局を通過するときには、「学校の先生」と書くようにしている。ジャーナリストは入国できない国ばかり。彼女はアフリカが初めてではないので、用心深く行動している。それなのに彼女が町の様子を撮っていたときに、運悪く捕まってしまったのだ。背景に郵便局があったのを警官が見逃さなかった。

アンディが与えた注意はただ一つ、「怒ってはダメ、どんなときでも笑顔で交渉すること。怒ると事態を悪くするだけよ」。カレンはこれを守った。だからこそ、早く釈放してもらえたのかもしれない。

そして、もう一つの事件は、コンゴ民主共和国の首都キンシャサでのこと。かつてモハメッド・アリ対ジョージ・フォアマンのボクシング世界ヘビー級タイトルマッチが行われたトトスタジアムへ行ったときだ。格闘技ファンでもある、大学院生ブライアンの強い希望で、ルーク、ファーマー、スティーブと共に出かけた。

キャンプをさせてもらっている教会のシスターからは、「フェリー乗り場からコンゴ川沿いが特に危険な地域だから、絶対行かないように」と注意を受けていた。ぼくたちも、治安面で悪名高いキンシャサなので、貴重品を一切持たず、徒歩で市内観光をしながらスタジアムに到着した。雑草の生えたスタジアムの中では、子どもたちがサッカーをしている。ブライアンはついはしゃいで、子どもたちの写真を撮ってしまったのだ。その直後である。人相の悪い3人の若者が突然目の前に現れた。

「誰の許可を得て写真を撮っているんだ!?　金を出せ！」とフランス語で言って、スタジアム地下の暗がりへ連れて行こうとする。だが、ぼくたちは男5人、しかも、ルークは元アメリカ海兵隊員で、ブライアンは格闘技クラブ、ファーマーはケンカ好きときている。悪党たちが武器を持っていないと察すると、逆に彼らを威圧し、すぐに人通りへ出て難を逃れた。それでも、やはり怖かった。急いで教会に戻った。

このような事件ではないが、モロッコのフェズ市場でも、ぼくが肉屋前で売り物のラクダの頭を撮影していたら金を要求された。きれいな民族衣装の人々を撮ろうとしたときもそうだ。旅行者の写真撮影は、警察に捕まったり、悪党に狙われるだけでなく、ふつうの人々にとっても、金を得る絶好のチャンスなのだ。だから、誰かしら必ず何か言ってくるのである。

写真撮影によるトラブルで、昨年のオアシス号では、イギリス人3名がコンゴ民主共和国で行方不明になる事件があったという。イギリス外務省がすぐに動いてくれ、2日後に警察の留置所に入れられていることがわかり、何とか救出できたそうだ。

なお、カメルーンやスーダンでは、警察で金を払えば、写真撮影許可証を取得することが可能だった。それでも、公共施設の撮影はトラブルのもとになる。

ぼくが20歳のとき、韓国のソウル行きの飛行機で着陸寸前、上空で「写真は禁止です」とアナウンスが流れたことを思い出す。いずれにしても、写真が自由に撮れない国がまだ数多く存在するのだと改めて学んだ。

アンゴラ

アンゴラ共和国
Republic of Angola

●人口｜約1850万人
●旧ポルトガル領
●1975年独立
●首都｜ルアンダ
●通貨｜クワンザ

内戦で動物が激減、ノアの箱舟作戦実施

ブラジルサンバの発祥の地でもあるアンゴラ。「植民地時代、ポルトガル人がブラジルにサンバを輸出した」と、音楽好きのデビが解説してくれた。ここも、40年もの間、つい最近まで部族間の内戦が続いていて、2年前はオアシス号も入国できなかった。

ジャーナリストのカレンがこう教えてくれた。「アンゴラには70万人ものポルトガル人がいたんだけれど、独立後、母国へ強制帰国させられたの。だから、大卒の優秀な人材がアンゴラにはほとんどいなくなったんだって。独立後はどこもすさまじい頭脳流出があったのよ」

アンゴラは、ナイジェリアに次ぐ産油国でもある。

「オイルだけでなく、ダイヤモンド、マンガンなど稀少鉱物が豊富な資源国だ。近年の経済成長率は15％だよ」とオーストラリアとイギリスの二重国籍を持つケビンが言う。さらに、国際動物保護活動家でもあるベッキーとキュースティンが、「アンゴラではオペレーション・ノア、すなわち動物のノアの箱舟作戦が実施されているのよ」と教えてくれた。動物が著しく減少しているため、動物の多い南部や東部アフリカの国々からキリンやゾウを少しずつ分けてもらっているのだという。

ヤーナの首に腫瘍が⁉ 全旅程を通して最も深刻な事態に

キリスト像の前で逆立ちするキュースティン

アンゴラ南の大都市、ルバンゴに入る。ポルトガル統治時代の面影が色濃く、ヨーロッパ風の建物が残っている。

ちょうどこの日が3月17日で、「セントパトリックスデイ」だった。アイルランドにキリスト教を広めた聖人パトリックの命日で、アイルランド人のブライアンは大はしゃぎだ。サンパウロやリスボンと同じデザインで建てられたというキリスト像のある丘の上へ行き、ビールで乾杯した。

みんなの笑顔がうれしくて、ぼくも喜んでお祝いしたのだが、なぜかヤーナだけ元気がない。ボーイフレンドのマルコも心配そうだ。

原因は、首にできた大きなおできだった。日増しに大きくなり、気づいたら、赤ちゃんのこぶしの大きさぐらいにまで成長していたのである。ある日、我慢強い彼女がついに泣き出した。脳を圧迫されるような、強烈な頭痛がするみたいだ。どうやら虫刺されが原因のようだが、何の虫かは不明だ。

そういえば、ルバンゴへ入る数日前、アンゴラ北部のジャングルの中、デコボコの悪路をオアシス号で徐行していると、突然、窓から虫の大群が飛来し、襲撃してきたことがあった。オアシス号の窓にはガラスがないので、あっという間に虫たちが中へ入ってきた。叩き殺すと血が吹き出る。ハエと蚊が合体したような大ぶりのハエだ。刺されるとチクッとする。あちこちで「痛い！」と叫び声が上がった。誰かが「これはツエツエバエだ。眠り病やエボラ出血熱の原因になるハエだ」と言った。慌てて応戦開始。読んでいた本、スリッパ、靴を脱いでとにかく叩きつぶす。Tシャツや床、天井も赤い染みだらけになる。10分程度だったが、1時間以上、格闘しているように感じた。全員、体のあちこちを刺された。もしかしたら、ヤーナのおできは、あのときのツエツエバエが原因だったのだろうか。

みんなで情報収集し、質が良いと評判の病院を見つけた。欧米の医師、医療ボランティアもいるらしい。キュースティンが立ち会い、ヤーナは手術を受けた。しかし、今度は術後の具合が良くなく、すぐに退院ができなかった。

実はアンゴラでは、オアシス号の仲間には通過ビザしか出ておらず、5日間しか滞在許可が下りていなかった。一日出国が遅れると100USドル（約9700円）を追加して支払わなくてはならないが、すでに2日が過ぎていた。

「ヤーナのために、どうしてぼくらが延長料金を支払わなければならないんだ」と不満を露《あら》わにする者もいたが、話し合いを行い、ナミビアへの出発をもう一日だけ遅らせることにした。その代わりでもないが、彼女が手術を受けた病院の空き地でキャンプをさせてもらうことにした。

病院のシャワーも使えたので、体を洗って清潔になり、「ヤーナのおかげだ」と喜んでくれる人が出てきたのは幸いだった。何とかヤーナも翌日には退院し、白と薄紫のコスモスが咲く道を通り、ナミビアの国境へ向けて出発することができた。

余談だが、アンゴラでは日本人のぼくだけが30日の観光ビザが取れた。みんなが不思議がっていた。「日本は何か援助しているのだろう。ぼくたちに何かあれば、日本が助けてくれるんだろ!?」とからかわれてしまった。でも、悪い気分ではなかった。

ヤーナが手術を受けた病院（クライカEML）

ナミビア

ナミビア共和国
Republic of Namibia

- 人口｜約210万人
- 旧(南西アフリカとして)ドイツ保護領
- 1990年独立
- 首都｜ウィントフック
- 通貨｜ナミビア・ドル

ついに「憧れのアフリカ」に近づく

アンゴラの国境を越え、ナミビアへ入国した直後、動物事情が変わった。

いきなり「動物注意」という、ゾウの絵が描かれた道路標識が現れたのだ。そんな標識を見たのは、アフリカへ入って初めてだったので、「ようやく動物に会えそうだな」と感慨にふけっていたら、シマウマやアンテロープの群れが視界に迫ってきた。キリンもゾウもいる。近くで見るとすごい迫力だ。

それもそのはず、いつの間にかエトシャ国立公園に入っていたのだった。その夜は、料理当番のアンディがキリンの肉を市場で買ってきた。「牛肉より安かった」そうだ。草の匂いがして、歯応えのあるキリンの肉をぼくは生まれて初めて食べた。

この後、続けて訪問した南アフリカ、国全体が動物公園のようなボツワナ、タンザニアやケニアは言うに及ばず、国を挙げて動物を保護し観光資源としているところに、ぼくが夢に見ていたジャングル大帝レオの世界があった。〝憧れのアフリカ〟にようやく出会えるわけだ。

教育とコンドームで人口減少に歯止めをかける

モロッコを出発して5カ月、14カ国目のナミビアのスーパーマーケットで、初めて無料雑誌を発見した。エイズの教本だった。この国では約30万人が感染している。人口210万人ほどだから、国民の7人に一人がエイズという勘定になる。ゆえに人口減少が止まらない。働き盛りの30代がどんどん死んでいく。

ナミビアの出入国事務所で、職員から国の紋章が入った1箱5個入りコンドームをもらった。「おみやげができた」と喜んでいたら、獣医のキュースティンがぼくの分も欲しいと言ってきた。資源開発の仕事に携わっているダンと恋仲になっていたからだった。でも、ぼくは「みやげにしたいから」と断った。

南アフリカのエレファントパークのトイレには、男女それぞれに無料のコンドーム箱が設置されていた。ケープタウンでは、強姦問題を起こしたジェイコブ・ズマ大統領が、4度目のエイズ検査を受けたニュースで盛り上がっていた。この国では、10億個のコンドームでエイズを予防しようという作戦が進められている。

失恋がきっかけ（？）でアフリカに来たニュージーランド人女性スーは、「私の国では、女性の感染者が増えているの、それもアフリカなど海外で感染したケースが多いみたい。実際、ニュージーランドでは出国の際、アフリカ旅行者への健康に関する注意事項として、コンドームは必需品と書いてあったもの」と話してくれた。そういえば、オアシス号から配布された出発前の持ち物リストにも、最後に「避妊具」と書いてあった。

南アフリカだけでなく、アフリカ全土がエイズと戦っている。実際、教育とコンドームで何とか人口減少に歯止めをかけようとしている。

カメルーンの学校でも、子どもたちにエイズの恐怖と予防について授業で教えていた。「エイズ患者は身近にいるのでそれほど説明はいらないが、いくらコンドームの使い方を教えても、コンドームそのものが貧しい家庭まで行き届かないのがもどかしい」とカメルーンの先生がため息をついていたのを思い出す。

3学期　野生の王国と冒険のパラダイス

南アフリカ

南アフリカ共和国
Republic of South Africa

●人口|約4932万人
●旧イギリス領（オランダ領）
●1910年独立
●首都|プレトリア
●通貨|ランド

豊かな資源がもたらしたものは……

デビアス社の創業者でもあるイギリス人のセシル・ローズが発見したダイヤ鉱山跡、ビッグホールを見学していたとき、「アフリカのダイヤ、ゴールド、石油など、欲しいものをすべて持ち帰ったのはイギリスでしょう」とマレーシア人のキャロリンが、イギリスのかつての植民地政策を批判した。イギリス人のジェフは無視、同じくイギリス人のスティーブも「それで何？　それがどうかしたの？」と軽く受け流していた。

キャロリンの言うことが正しいとは思えないが、実際、アフリカを旅行中、料金の交渉を終え、タクシーに乗るなり、ガス欠になり、最寄りのガソリンスタンドへ直行したことがたびたびあった。ナイジェリアの首都アブジャで、ガス欠でタクシーが止まったときは「降りて車を押してくれ、あのガソリンスタンドまで」と運転手が言うので、言われるがまま押したのに、目的地について料金を払う際、「チップがない」とうるさく言われ、さすがに頭にきた。

　そのことをぼくが愚痴ると、イギリス人のダンが「ナイジェリアは産油国なのに、まともな製油施設がないんだ。ガソリンを自国で作れないから値段も高い。だから、タクシー運転手もなかなか給油できないんだろうね」と、わかりやすく、アフリカの石油事情を説明してくれた。

　では、どうして製油施設がないのか。

「政治家たちがオイルで得た金のほとんどを、自分たちのポケットに直行させているからさ。ガソリンだけでなく、首都なのに電気も不足しているのはそのせい。一番気の毒なのは国民だよ」と答えてくれた。

　獣医のベッキーは怒りをこめてこう語っていた。「資源の取り合いから起こった長年の内戦や資源開発のせいで、動物たちは食べられたり、住むところを追われたりして、ほとんどの動物が絶滅寸前。だから今、近隣諸国からゾウやキリンなど、動物の輸入をしているのよ。人間も確かにたくさん死んでいるけれど、巻き添えを強《し》いられた動物たちが一番災難よ」

　イギリス人のクリスによると、コンゴ民主共和国でも、資源の奪い合いが原因で、民族同士の内紛やルワンダなど隣国から仕掛けられた戦争が頻繁に起きているとのこと。

「携帯電話と1万USドル（約97万円）があれば、すぐに内戦が起こせると何かに書いてあるのを読んだことがある。内陸で、特に掟《おきて》や規範がゆるんだ部族や、仕事に困っている若者は、たとえわずかな金でも、もらえるんだったら戦争でも何でもする。人も簡単に殺す。不満分子が多いからね。それが、アフリカ諸国の大きな悩みでもあるんだ」とクリス。そして、最後にキャロリンを意識しながら、ぼくにこう言い放った。

「ヒロ、植民地時代、イギリスやフランスは確かにアフリカの資源を奪ったかもしれない。でもね、少なくとも教育と医療、そして教会の活動をアフリカに持ってきたのもイギリスやフランスなんだよ。ベルギーやポルトガルは、植民地での教育には無関心だったけどね」

ぼくの前で話を一緒に聞いていたキャロリンは「そんなことを言って、イギリスの植民地政策を正当化してもダメよ」と一人で憤慨していた。

ぼくは、クリスの言葉からアフリカ問題の根幹に触れた気がした。と同時に、人の意見を一切受け入れず、批判ばかりするキャロリンに辟易していた。

ケープタウンでオアシス号のメンバー入れ替え

南アフリカのケープタウンで、カレン、ジョー、ヤーナ、マルコ、クリス、ダン、スー、ポールとマージェリンがオアシス号を降りた。わがままなキャロリンについては、グランツとアンディが彼女と話し合い、合意の上、ケープタウン手前で降りてもらうことになった。ベッキーは一度降りるものの、ウガンダで再会。ベッキーとキュースティンはオアシス号を自在に使いこなし、アフリカを自由に活動していた。キムとはナミビアで別れた。

そして、新たに乗り込んできたのは次のメンバーだ。

ロス スコットランド人男性、30代半ば。化学の専門家。旅行中、頭をモヒカンにした。

ブラフニー スコットランド人女性、30代半ば。ロスのパートナー。化学の専門家。オーストラリアでロスと同じ職場で4年働き、契約が終了したのを機に1年ほど旅をしている。

シェイ アイルランド人男性、30代半ば。元エリートビジネスマン。金融危機で仕事を失った。職探しより1年の世界旅行が再就職のプラスになると考え、前半はオーバーランドトラックでシルクロードを旅し、後半、このオアシス号に。

ガイ オーストラリア人男性、20代半ば。父親が経営する会社で働く配管工。水泳が得意。

シーラ イギリス人女性、60歳。ぼくたちと合流する前、南アフリカの友人宅を訪問中に足首を骨折。ギプスを巻いたまま、オアシス号へ参加する。ご主人を残して一人旅。

スザーヌ オランダ人女性、55歳。ご主人と家族を残して優雅な一人旅。

ヘレン イギリス人女性、18歳。国立プリマス大学の学生。コリンのガールフレンド。

コリン　カナダ人（イギリスと二重国籍）男性、26歳。陸軍に所属。藤平流心身統一合氣道を学んでいた。
バーバラ　南アフリカ人女性、20代後半。大学院生。ウクレレを持って参加してきた。
マーク　カナダ人男性、29歳。シンガポールから豪華客船で南アフリカまで。建築設計士。
メグ　カナダ人女性、20代後半。インテリアデザイナー兼ヨガの先生。マークの恋人。
ステファニー　カナダ人女性、20歳。大学生。毎日のジョギング、ヨガが習慣。菜食主義。ブライアンとよくケンカしていたが、旅の後半には、恋人同士になっていた。
ウィル　イギリス人男性、20歳。アルバイトでお金を貯めて参加。アフリカ旅行の後はインド、南アメリカ、ニュージーランドを2年かけてまわる予定だ。

ぼくたちは、ケープタウンから45分ほど東へ車を走らせ、ステレンボシュという町へ出かけた。新メンバー、バーバラの実家がある、ぼく好みの学生街だった。ここはワインの産地としても有名。新しい仲間と共にこれからの旅の前途を祝して乾杯した。ぼくにとっての3学期がここから始まった。

「虐待、強姦は止めよう」南ア国立教師協会のスローガン

ティファニーのイエローダイヤが発掘されたダイヤモンドの町、キンバリーでアフリカの産業革命は起きた。ここにビッグホールという昔のダイヤモンド採掘場で、今は観光地になっているところがあり、その近くのキャンプ場で泊まることにした。

うれしいことに、このキャンプ場のトイレには紙が設置され、便座もちゃんと備わっていた。浴室のシャワーからはお湯が出る。バスタブもある。モロッコを出発して以来、キャンプ場でこんなに整備された施設は初めて。南アフリカでは文化的な生活ができるとみんなで喜んだ。

「南アフリカのキャンプ場やホテルの経営者はほぼ白人です」とキャンプ場のオーナー。だから、宿泊施設もきちんと整っているのだろう。

到着した日はイースターでお店はほとんど休みだった。人通りも少ない。それでも白人が目立つ。大通りでは最新の車と一緒に、ぼくが30年ほど前に乗っていた懐かしいトヨタのカローラや、サファリラリーで大活躍した日産のブルーバードSSSの旧車がとてもよい状態で元気に走っている。それだけでうれしくなる。

近くにあったスーパーマーケットも品揃えが充実

ビッグホール。隣にデビアス社の博物館がある

していた。ただ、そのスーパー横のビルを見て一瞬、息を呑んだ。壁一面に次のような言葉が大きな文字で書かれていたからだ。

「南アフリカ国立教師協会」の大キャンペーンだった。ぼくなりに和訳してみた。

Protect the innocence of our children.
(罪のない子どもを守れ。)
An injury to a child is an injury to the future.
(子どもを傷つけることは、未来を傷つけることだ。)
Stop Child Brutality!
(子どもへの残虐行為はやめろ!)
I am only a child. Please, do not RAPE me. It will not cure your aids,anyway.
(わたしはただの子ども。犯さないで。お願い。あなたのエイズ治療に役立たないよ。)
Leave the kids alone. They must be heard not hurt.
(そっとしてあげて。子どもには言い聞かせて。暴力で傷つけないで。)

南アフリカ人で、大学院生のバーバラによると、処女とセックスするとエイズが治るといううわさが流れたことがあり、今でもそれを信じる者が多く、処女、すなわち小さな子どもが狙われているそうだ。先ほども触れたが、現職の南アフリカ大統領までが、強姦事件を引き起こしている。まったく理解に苦しむことだ。

一見、美しい大都市のある南アフリカ。だが、もう一つの素顔を垣間見《かいま》た気がした。

黒人が怖くて、白人はアパルトヘイトを作った

ケープタウン周辺の海沿いは、カリフォルニアのマリブの景色を彷彿させる。青い海の前には高級ホテルや別荘が建ち並び、優雅なたたずまい。対岸の山々の形状も美しい。

そんな具合に、オアシス号の窓からの景色を楽しんでいると、突然、塀に囲まれた黒人居住区タウンシップが現れた。今までにいくつか黒人居住区を見てきたがスケールが違う。ケープフラットと呼ばれている場所だった。１９６６年、６万人の黒人が第六区と呼ばれるエリアから立ち退きを命じられ、この場所に強制移住させられたのだった。

「なぜアパルトヘイトができたの。なぜ黒人が追い出されたのかな？」とたずねると、南アフリカ人のバーバラが答えてくれた。

「どんどん町に増える黒人が怖かったからよ。第二次世界大戦中に軍需特需があって、仕事を求める黒人たちが周りからケープタウンにたくさん入ってきたの。ケープタウンはもともとオ

ランダ人が築いた町で、黒人はいなかったんだけど」

アパルトヘイト廃止の英雄、ネルソン・マンデラが収容された監獄島、ロベン島から、オランダ人のカレンと一緒に夕日で赤く染まった対岸の近代的なビル群を眺めたときのこと。

「あれが17世紀にダッチ（オランダ）の東インド会社が建てた城よ。ほら、見える？　あそこからケープタウンが生まれたのよ」とカレンが教えてくれた。オランダ人として、祖国の開拓者精神のすばらしさを強調しているかのようだった。確かに彼女の先祖が作った町だ。

ケープタウンは、ちょうどインド洋と大西洋の二つの海流がぶつかるところにある。南東の強風で海が荒れる、激しい気候の土地だ。船乗りたちも恐れた場所へオランダ人たちはとにもかくにもやって来たのだ。そして、自分たちでこの町を作った。カレンの横顔を見ていたら、ワーグナーのオペラ曲「さまよえるオランダ人」がふと脳裏をよぎった。

水辺で繰り返される死闘と共存

ジャングル大帝レオに憧れているぼくにとって、ライオンに会うことは今回の旅の大きな目的だった。

それが叶《かな》ったのが、南アフリカのカラハリ・トランスフロンティア国立公園だ。カラハリの意味は「渇きの土地」。地平線が見える広大な公園で、隣国ボツワナにまたがっている。

主に黒人の政治犯が収容されていたロベン島刑務所

刑務所の大部屋で最初に解説がある。解説者はこの刑務所の元囚人

マンデラ氏が収監されていた３畳ほどの牢

ケビンが周りを見わたしながら言った。「ここの気候や景色は、オーストラリアの南部や中部と同じ。地図で南アフリカとオーストラリアを線で結ぶとすぐにわかる。カンガルーがいない代わりに、ほら、ライオンがあそこにいる！」彼が指を差した。かなり大きなライオンの夫婦が、水飲み場の木陰で寝そべっている。初めて野生のライオンを見た瞬間だった。

「ここには、彼らのエサとなるゲムズボック、エランドといった動物が豊富にいる。特に水飲み場はライオンや豹《ひょう》の、絶好のハンティング場です」とガイドが説明してくれる。車で近くまで行くと、食べられた動物の骨が水辺に散乱しているのがよく見えた。動物たちの、容赦なき死闘が想像できた。

5月に再度ナミビアへ入国した際、ぼくたちはエトシャ国立公園へ出かけた。「オランダよりも広い敷地を誇る公園よ」とスザーヌが言った。だとすると、九州くらいの大きさだ。ここも車でまわりながら、動物をウォッチングする。

「すごい、ライオンとシマウマが仲良しなんだわ」と女性陣が騒いだ。水際で数頭の親子ライオンが昼寝をしているすぐそばで、シマウマやシカ類がのんびりと水を飲みに来ていた。

「満腹だと、無駄な殺生はしないんだね」「あ、ゾウが水飲み場へ向かっている。ほら、ライオンたちが気づいたみたいで、みんな逃げていくわ」と誰かが叫んだが、ぼくには逃げていくというよりライオンがゾウに水飲み場をゆずったように見えた。車の窓にしがみつき、興奮ぎみにみんなバシバシと写真を撮った。童心に戻ったみたいで、大はしゃぎだ。

モロッコから南アフリカまでを共にしたオアシス号の仲間の半数は、ケニアやタンザニアをすでに経験していた。たくさんの野生動物を見てきている彼らからすると「南アフリカのカラハリ国立公園なんて大したことないよ」とやや冷ややかだった。ところが、南アフリカから参加してきた後半の仲間は、カラハリより規模の小さなエトシャ国立公園でも、ゾウやキリンの群れを見かけるたびに叫び、興奮していた。もちろん、ぼくもだ。旅というのは喜びを共有できる仲間がいるとさらに楽しくなるものだなと思った。

食べて太ってダイエットの繰り返しなんて信じられない

「バンジージャンプの起源は、あるアフリカの部族の成人儀式なんだ。5メートルほどの木にやぐらを組み、足に縄をつけて、そこから飛び降りたのが始まりなんだ」

そう教えてくれたのは、危険なスポーツが大好きなジェフだ。

「バンジージャンプを、ビジネスにしたのはニュージーランド人だぜ」とグランツが返した。

ぼくたちもアフリカで成人になった。南アフリカ、チチカーマ国立公園近くのブロークランズ橋で、川面まで216メートル、世界でもトップクラスの高さを誇るバンジージャンプを経験したのだ。スタッフはみんな若い黒人。すごい音量でレゲエの音楽をかけていて、ダンスし

ブランドバーグ公園の岩山。壁画が描かれている

ながら、ぼくたちチャレンジャーの足首にハーネスとループをつける。日本では考えられない。でも、見ているとこちらまで楽しくなってくる。つられてぼくもダンスしながらジャンプした。

アフリカンダイエットの効果に気づいたのはこのときだった。バンジーをする前にバランスの重さを決めるため、体重チェックがあった。ぼくは5キログラムも痩せていた。出発前、72キログラムあった体重が67キログラムになっていたのである。35歳のイギリス人男性、ジェフはなんと9キログラムも痩せていた。

女性のスーだけは体重が増えていると嘆いていたが。アンディが「西側の旅はキツイからたいてい体重を落とすの。アフリカンダイエットよ。特に男性は痩せるわね。でも、南アフリカでしっかり戻るから安心して」と言った。

ナミビアのブランドバーグ公園へ、古代人の壁画を見に行ったときのこと。ここでは、ガイドのクインとの会話がおもしろかった。彼女はサン族で、いわゆるブッシュウーマン。25歳くらいだった。

「水が出ない地帯でも、ブッシュに自生するスイカと少しの食べ物で、ブッシュマンは生活できるの。生きるために絶えず、明日の食べ物のことを考えているしね」とクインがブッシュマンについて説明してくれたので、「ぼくたちだって、いつも食べ物のことばかり考えているよ」とぼくが言うと、スーが「アフリカに来ても、食べすぎて太っちゃうから、ダイエットしなくちゃ」と嘆いた。すると「ダイエットって何？」とクイン。「体重を減らすことよ」とスー。

クインは英語のガイドだが、仕事仲間とは、現地のクエクエダマラ語で話していた。これは破裂音がたくさん混じっていて、パ、ポ、ペの発音が多く、ぼくたちは到底まねできない。

そのクインが英語で「食べて太ってダイエット、信じられない。まねできない」と言い、パ、ポ、ペと笑った。やはりぼくたちには、その破裂音がまねできない。

ダイエットとクエクエダマラ語の破裂音、はたしてどちらが難しいのか。

ボツワナ

ボツワナ共和国
Republic of Botswana

- 人口｜約192万人
- 旧イギリス保護領
- 1966年独立
- 首都｜ハボロネ
- 通貨｜プラ

ゾウ一頭200万円。家族が一生暮らせる金額

ボツワナでオアシス号を離れ、オカバンゴデルタへ出かけた。二泊三日のカヌー旅行だ。広さ1万6000平方キロメートル、内陸ではアフリカ最大の湿地帯を探検できる。これはオプショナルツアーだ。アンディが提案し、希望者を募ってアレンジしてくれた。ツアーにはぼくを含め、17人が参加した。3組に分かれてそれぞれにガイドが付くことになったが、驚いたことにガイドたちは算数ができず、17を3で割ることができない。ガイド同士、ちょっとした騒ぎになる。

ガイド3名、食料やテントなどの運搬と料理係となるアシスタント6名、モコロという丸太

ぼくたちのカヌー。荷物専用も手配した

キャンプ地を目指して、ゆっくり景色を楽しむ

夕食を準備してくれる料理係

をくりぬいたカヌーの漕ぎ手が8名。

食料とテントは自分たちで用意した。飲料水は湿地の水に消毒薬を入れて間に合わせる。費用は一人約1万6000円。キャンプサイトまでモコロには漕ぎ手を入れて3名ずつ乗った。

ゆっくり竿でモコロを押し、葦《あし》を割って進んでいく。ミズスマシよりちょっと速い程度のスピードだ。水路のいたるところに白や黄色の蓮《はす》が咲いていてまるで極楽浄土のよう。まわりをギンヤンマ、尾が淡いブルーの糸トンボ、赤トンボが飛び交っている。

あちこちでカバを見かける。「船を寄せて。近づいて見たい」と言うと、「カバは凶暴なので近づけない。大きさはゾウの次だが、最も攻撃的だからダメだ」

そう教えてくれたのは、ぼくのチームの担当になった観光ガイド。セブンという名前だった。70歳と高齢の彼は狩猟採集民族の一つ、サン族だった。

くちばしが赤く、額の黄色い鳥がいた。「サドルビルドストークですよ」とセブンが説明する。「まるで恐竜時代の鳥みたいでしょう。鳥の中では、クレイン（鶴）が美しい。でも、もし、クレインを殺すところを警察に見つかると、25年の懲役になるよ」

表紙が傷んで角が丸くなり、あちこちテープを貼って補強してあるカラーの鳥図鑑をぼくたちに回覧しながら一生懸命説明してくれる。

「昔はゾウを一頭殺すと、6つの村で分けて食べたものさ。でも、今は政府が移動の制限を設けたから、狩猟も思うようにできない」

ただ、ゲームハンティングもできる特別地域はあるそうだ。そこなら、ゾウやシマウマなどを撃ち殺せるので、ヨーロッパ、アメリカそして日本からも客が来るそうだ。セブンはゾウ一頭を殺すゲーム料で、自分たちは一生、生活できると言った。つまり、ハンティング客はすこぶる金持ちというわけだ。

「ライオンだけは少なくなっているから、2年前から狩りが中止されている。でも、闇取引で倍、いや3倍以上の値段がつく。だから密猟者が減らないんだ」とセブン。

オーストラリア人のガイがセブンに「ゾウっていくらなの？」と聞いた。料金は公表されていないが、ゾウは年々増えすぎて困っている地域があるので、商談で一頭200万円くらいだろうと教えてくれた。それでも、この金額なら確かにセブン一家が一生暮らせるはずだ。

ぼくは空からこの湿地帯を眺めたくなり、仲間に声をかけ、7人で小型飛行機をチャーターした。きらきら光る広大な湿原。まさに動物の楽園そのもの、自然の恵みも感じた。しかし、上空から動物を見つけるのはとても難しい。まるで「ウォーリーをさがせ！」の世界だ。実際に歩くのと空からでは大きく違う。でも、虫の目、鳥の目で見比べるのは楽しかった。チャー

動物園が理解できない子どもたち

ター代は1時間で一人約7000円だった。パイロットはアメリカから来た出稼ぎの白人だった。

ボツワナの小さな町のインターネットカフェを出たときのことだ。学校帰りの小学生たちがいたので話しかけてみた。

「日本から来た」と言うと、興味しんしんで日本の食べ物や遊び、動物のことなど質問攻めにあった。

「ゾウやカバは動物園しかいないって、それ、どういうことなの？」と聞かれた。そもそも動物園が彼らには理解できないようだった。

ジンバブエ

ジンバブエ共和国
Republic of Zimbabwe

- 人口｜約1246万人
- 旧イギリス自治領
- 1980年独立
- 首都｜ハラレ
- 通貨｜米ドル、もしくはランド

金を与えてはダメ、直接子どもに食べさせてあげるならOK

ジンバブエで最初の訪問地は、滝の町、世界遺産のヴィクトリアフォールズだ。世界的に人気のある観光地であり、ヘリポート付きのホテルや、カジノ併設のホテルもある。ただし、道端をイボイノシシが闊歩《かっぽ》し、ゾウのウンチが転がっている。

イギリス人女性シーラと、オランダ人女性スザーヌ、そしてぼくの3人で町を散策していると、木彫りの動物などのみやげもの売りの黒人たちに囲まれた。断ると、「いい靴を履いているな。この腕輪と交換してくれ」「そのTシャツをくれ」としつこくついてくる。

盲目の老人だという人たちが、「本当は見えているんじゃないか」と思うほど、絶妙なタイ

ジンバブエとザンビアをつなぐ国境の橋。橋の中央よりバンジージャンプができる。右上がヴィクトリアフォールズ

ミングでよく街角から現れて金をせがむ。さらに、5歳くらいの姉妹2人が紙コップを持って「金をくれ」とぼくたちの後ろをつきまとう。レストランで食事をしていると、ガラスの窓越しに10歳くらいの男の子が手を口に持ってきて、「食べ物をくれ」とジェスチャーで訴えてくる。ぼくはずいぶんこういうのに慣れてきたが、シーラたちはかなりうんざりしているようだった。

ヴィクトリアフォールズの商店街にあるみやげ店のオーナー姉妹に声をかけられた。50歳前後の黒人女性たちだ。シーラは60歳、スザーヌは55歳、年齢が近いこともあってすぐに打ち解け、その場で井戸端会議を始めてしまった。どうやら女性というものは国境や人種を越えて、話し込める能力があるらしい。

シーラたちが、お金や食べ物をせがむ人が多いことを嘆くと、その黒人姉妹は「絶対にお金をあげないで。子どもたちや盲目の人たちに直接お金を渡しても、彼らの取り分はないの。裏であやつっている人間がいるのよ。放っておくといいわ。でも、もし何かしてあげたいのなら、子どもたちや盲目の人たちを食堂へ連れて行き、バナナでもいいから食べさせてあげて」とアドバイスをくれた。食べ物を与えても、子どもは食べずに持って帰り、親が食べてしまうのだという。

この町はにぎやかで人々もふつうに暮らしているように見える。だが、実際にはそうでもなかった。ジンバブエという国そのものはまだまだ貧しい。

「黒人のものは黒人に返せ」と言うが……

ヴィクトリアフォールズから南東へ250キロメートル移動し、ジンバブエ第2の都市ブラワヨへ向かった。情勢不安定な国だけに検問が多い。検問の少なかった西・中部アフリカが懐かしくなる。道路はかろうじて舗装されていた。

ブラワヨは一見、ごくふつうの都市で、人は少なく静かだった。ただ物価は高い。おやつとして買ったリンゴが3個で2USドル（約194円）もした。学校へ行く子どもたちは、他の国に比べて多いように思えた。通学する子どもをよく見かけたからだ。

シーラと町を散歩していたら、書棚にたくさんの本が並んでいるのが窓越しに見えた。ブックカフェだった。思わずなかに入り、バニラアイスとカルーアミルクの入ったアフリカンコーヒー（約200円）を頼んだ。

経営者は白人女性で、オランダ系3世だという。店員は黒人男性で、名前はアーノルドだと教えてくれた。大学卒の彼によると「2008年は最悪の年だった。大卒はエリートのはずなのに職がないんだ。失業率は70％以上。一部の公務員以外は仕事がない。この年、電気・水・食物すべてが不足した。悪名高いムガベ大統領の政策はすべて失敗だ。白人の大農園を取り上げてそれを黒人に与えたんだけど、黒人には技術のノウハウもないから当然経営もうまくいかない。そうやって農業をつぶしたのが致命的だ。白人が経営していたころの大農園は、どこも何百人もの黒人労働者を雇用し、何万人分もの食料を安定して提供できていた。今は畑も雑草だらけ。自分たちが食べる分の野菜を作るので精一杯。しかも、それらを盗まれないように見張っているんだから、まったくうんざりだ」とのことだった。親が代々受け継いできた土地を没収された、店の経営者である白人の女性は、終始無言だった。

「2010年は、白人が経営する資源開発事業を国有化し、黒人経営にしようとしている。さらにこの国が悪くならないか心配だ。早くムガベに死んでほしいよ」とアーノルドは吐き捨てた。ただ、「ようやく、新聞などマスコミがムガベ大統領を批判するようになってきた」ことが唯一、喜ばしいきざしなのだそうだ。

戦争中、兵士たちは給料も年金もなかったため、不満が爆発し、暴動を起こしそうになったのだが、ムガベ大統領はこれを鎮圧するため、軍人年金を約束し、06年に数千億円を支払ったそうだ。これが急激なインフレ発生の原因だ。同時期、内紛中のコンゴ民主共和国を援助するため、出兵し、多額の出費をしたのだが、この費用捻出のため、担保のない紙幣を大量にムガベ大統領は印刷した。それがインフレに追い打ちをかけた。

「わずか2年前、08年にはインフレ率が2億％以上になった。100円のコーヒーが2億円だよ。これらが国の破産をもたらしたんだ」とアーノルド。事実、国は完全に破産し、今、使える通貨はUSドルだけである。

オアシス号のキャンプ地へ戻り、この話をしたら、南アフリカ人の、いつも陽気なバーバラが、「私のおじさんたちも殺された。農地も取られた」とポツリと言った。

かつては「アフリカの穀物庫」と呼ばれ、独立前は中国やインドよりもずっと裕福な国だったジンバブエ。「旧称ローデシア」と言うとピンとくる方も多いと思う。

「ムガベは選挙のたびに反対派を大量に殺したり、居住地から追い出して自国民を難民にしている。クリーニングといって村全体を追い出し、家々をブルドーザーでつぶしたりしているんだ」とリーダーのグランツ。当時、現場を目撃しているだけに言葉に重みがある。

「そのくせ、いつも白人のせいにして支援や援助金を得ている。この国だけではない、世界の援助から莫大な金を抜き取っているアフリカの指導者は今も少なくないはずだ」といつも沈着冷静な彼が、言葉を続け、怒りをぶちまけた。

グランツの友人たちも家や農場を奪われたそうだ。それでもこの国が好きだと、グランツは言う。「白人だけでなく、黒人にもいい仲間がいるからね」

ウガンダから参加したニューヨーカーのエリックもこう語っていた。

「ジンバブエが経済的に瀕死の状態なのに、ムガベ大統領夫人は、スイスやフランスなどの高級リゾート地に別荘を持ち、ブランドファッションで身を固め、コンコルドをチャーターしてワインを買いに出かけたりしているんだ。国連のガリ元事務総長と仲が良いらしいけれど、国連の言うことも聞かない。ムガベ大統領夫妻は、北朝鮮で訓練させた私設の軍隊を持っていて、自分たちの安全だけは守っている。最悪だね」

動物保護もビジネスをしないと継続は難しい

アンテロープパーク。ジンバブエにあるこの公園は個人の動物保護財団が作った。アフリカにわたって150年、3代目になる白人の家族が経営している。ライオンの繁殖でとても有名な施設である。園内のガイドによると「30年前までは、アフリカに23万頭ものライオンがいたのに、今は2万頭しかいない。ライオンはジンバブエに一番多く生息している。この施設で繁殖して自然に返している。現在ここには87頭がいます。ガーナだと、国全体で16頭しか確認できていません。ゲームハンティングで殺されています。ほとんどの国でライオン狩りは禁止されていますが、密猟する人が跡を絶たないのが現状です。密猟者にはイギリス人、アメリカ人、日本人のマニアもいます」とのこと。

ボツワナの観光ガイド、セブンも同じことを言っていた。

ここでは、キリンやシマウマ、ライオンと一緒に歩けたり、ゾウに乗れたりする。ぼくはもちろんのこと、イギリス人女性のデビや、カナダ人女性の大学生、ステファニーたちも夢中になって、さまざまな動物たちと触れ合って過ごした。

夜は、柵で囲った敷地内にアンテロープを離し、ライオンに襲わせ、有料で見世物にしていた。アンテロープは、頭に角が2本あり、カモシカによく似たウシ科の動物だ。ロスとシェイたち男性陣は、「100USドル（約9700円）はちょっと高いけど、見る価値はあった。すごい迫力だった」と興奮ぎみに話し、翌朝ビデオを見せてくれた。動物保護活動をしているベッキーとキュースティンは「これもしょうがないわね。繁殖にはお金がかかるわけだし」と複雑な表情を浮かべていた。

朝、テントのすぐそばをゾウの軍団が駆け抜けて川へ向かった。テントから飛び出すほど大きな地響きがした。地震かと思ったほどだ。ウィルは歯ブラシをくわえたまま、テントの横で固まったまま動けなくなっていた。ぼくは早速ゾウたちを追って川へ行ってみる。

水を飲むゾウの背中に白い鳥がとまった。鳥が美しい。バードウォッチングまで楽しめてしまった。黄色いくちばしと赤い足、水色の額に茶色の羽、白黒灰色のコンビネーションの鳥。いつまで見ていても飽きない。

ぼくたちはここに3泊した。まったくジンバブエにいる気がしなかった。優雅で、のどかだった。敷地内のレストランのテーブルに、色とりどりの花が飾ってあったのにも驚いた。それまでの旅の途中、アフリカで、花を飾っているのを見たことがなかったからだ。

レストランでくつろいでいると、足もとを七面鳥のような鳥がうろうろする。「ギニフエラ。この鳥の名前です」とウェイトレスの女性が教えてくれた。南アフリカからよく目にする愛嬌のある鳥だ。食用にもできるそうだ。

そういえば、到着直後、おしぼりとオレンジジュース、歌と踊りのサービスを受けた。ここはまさに白人による白人のためのリゾート地だ。余談だが、朝、テント脇をゾウの群れが走ったのも、ここのサービスの一環だったと後で知った。

ここでライオン好きな方に、とっておきの有料ボランティアの紹介をしておこう。ジンバブエの、このアンテロープパークでは、14名の欧米人がライオンの繁殖ボランティアとして活動

アンテロープパークの餌づけされたライオンたち

している。費用は1カ月、食事滞在費込みで3000USドル（交通費別・約29万円）。ボランティアの一人、イギリス人で61歳のアレンが「毎日ライオンに触れていられる。ここの施設の使用料はすべて無料。滞在する部屋も広くてインターネットも使える、食事は旅行滞在者と同じものだからおいしい。乗馬だけでなく、ゾウ乗りもカヌーも思う存分、無料で楽しめる。トータルにするとずいぶん安価で快適だよ」と言う。彼はイギリスのボランティア紹介会社を通してこの施設を選んだそうだ。

なお、アフリカでボランティアを探すならここ。

www.africanimpact.com

ガーナもそうだが、アフリカでは有料参加のボランティアが増えている。ただ、ぼくたち日本人が思うボランティアのあり方とはちょっとニュアンスが違う気がするので、あまりボランティアという概念にとらわれず、このサイトをチェックしてほしい。

都会の子、田舎の子では生き方がまったく違う

アンテロープパークからジンバブエの首都ハラレへ向かう。300キロメートルほど北へ走り続ける。その途中、国道で小学生くらいの男の子たちが、日陰もない照り返しの強い路肩に座って、ジャガイモとオレンジを売っている姿をところどころで見かけた。トイレ休憩で車を停車させたとき、子どもからオレンジを買い、ついでに少し話をした。どこでも商品を買うと、たいていは口もとがゆるみ、機嫌よく質問にも答えてくれる。

「ふつうの日なのに、学校はどうしたの？　行ってないの？」

「野菜売りの仕事があるから学校には行けない。行ったこともない」「売れるまで帰れないんだ。一日中ボーッと道路に立って、客を待っているのがぼくたちの仕事さ」

ハラレに到着した。ぼくたちのキャンプ地近くの雑貨店前でコーラを飲みながら、たむろしている小学生がいた。「キャンディ、食べる？」と声をかけた。ぼくは、いつもキャンディを持ち歩いていて、話しかけるきっかけにしていた。実は、一部の仲間からはキャンディマンと呼ばれている。たいていは受けとってくれるが、このときは珍しく「いらない」と返事された。都会の子だからか。それでも、学校のことを聞くと快く答えてくれた。

「友だちと一緒にいることのできる学校はとても楽しい」。そして、ぼくのカメラに気づき、「写真を撮って」と言う。この国の子どもたちは、とにかく写真が好きだ。撮ったばかりの写真をデジカメのディスプレイで見せると、みんな頭を寄せ、顔をつけるようにしてのぞき込んできた。ついでに「村には電気も水もなく、生活している子どもたちがいたよ。イモを売るために学校に行けない子どももたくさんいたなあ」と言いながら、ぼくがハラレに来る途中で、出会った村の子どもたちの写真を見せた。都会の子どもたちは「学校へ行けないなんて、本当なの!?」と驚いた様子だった。村の子どもたちの生活を見るのも初めてのようだった。

わずか数百キロメートルしか離れていないのに、同じ国民の、同じ世代の生活を、子どもたちは知らないのだった。

「結婚してよ、第二夫人でいいから」

ハラレの国立博物館をしばらく一人でのんびり散歩していると、緑鮮やかな芝生に座っていた女性3人が、「ニーハオ」と声をかけてきた。太めの体にピチピチのTシャツを着ている。現地では太めが美人の条件だから、さぞかしモテるだろう。近くにあるジンバブエ国立大学の学生だった。経済を専攻していた。

ぼくが日本人だと知ると、横から体を押し当ててきて「結婚している？　2番目の妻でいいから結婚しようよ、ね、お願い」と迫ってきた。「ハラレでは、結婚に親の許可なんて不要なの」と微笑みつつ、目はけっこう真剣に見える。

「日本の法律では妻は一人だけ。2人持つと重婚の罪で死刑になるんだ」と説明すると、一瞬、間をおいて、みんなでケラケラ大笑い。とても明るい。

「私はアメリカに住みたい」「トヨタの車に乗っている。技術が優れている日本にも住みたい」と好き勝手に話し出す。外国人との結婚は、最も簡単な国外脱出の方法だ。間違いなく彼女たちはジンバブエのエリートで、将来を担う人材だが、経済が破綻し、自国通貨が紙くずとなった今、大学を卒業しても働ける職場がない。女性は男性より職につくのがはるかに難しい。

それだけに半ば本気で、結婚による祖国脱出を考えているようだ。

ちなみに、一夫多妻制はイスラム教の独自の習慣だと思っていたら、ぼくたちが訪問したアフリカの国々はたいていてい、宗教とは無関係に複数の、経済力があれば4名以上の妻を持つことが可能だった。逆の一妻多夫はなかった。

マラウイ

マラウイ共和国
Republic of Malawi

- 人口｜約1485万人
- 旧イギリス保護領
- 1964年独立
- 首都｜リロングウェ
- 通貨｜マラウイ・クワチャ

先進国のアフリカ支援がアフリカをダメにしている

ジンバブエを出国し、モザンビークで一泊し、そのまま一気にマラウイへ入った。南北に約600キロメートル。海のような湖が国土の約3分の1を占めている。アフリカ大陸を南北に縦断する巨大な谷、大地溝帯が南端を走っている。

マブヤというキャンプ場で宿泊することになった。近くにバーがあったので行ってみると、隣のグループが、時折「ジャパン、ジャパン」と言いながら議論している。ぼくは、ビール片手に割り込んだ。そのなかに、感じのいい20代後半の男性がいた。ケープタウン出身、名はデール、国連で環境コンサルタントとして働いているという。その他にカナダ人、アメリカ人、オランダ人の大学生がボランティアとして働いていた。

「この地域での環境プログラムに、日本はお金を出しているけれど、そのお金が何らかの事情で現場に届いていないんだ」とデールと学生たちは、日本からの支援金の流れについて話していたのだった。そこで思わず、支援のあり方について自分の意見を言ってみた。

「国連は、先進国に金ばかり要求しているように思う。そして、アフリカのどの国も、そんなに必要ないのに援助をしっかり受けている。海外からの援助が当たり前になってしまっているから、いつまで経っても自立しようとしない。金をかけなくてもできること、金より先にすべきことがあるんじゃないかなと思うんだけど」。するとデールが反論した。

「いや、金がなければ、何の活動もできない。ぼくは現場にお金が届いていないことに疑問を感じているんだ。君の意見は援助のあり方の本質論になるからここで話すのはよそう」

アフリカには星の数ほど援助や支援プログラムがあった。ナイジェリア、ガーナ、コンゴ、エチオピアなど、どこにでも国連や民間NGOの人々はいた。車に国連やNGOのロゴバナーが貼ってあるのですぐにわかる。

「国連のトラック運転手になることができたら、それこそラッキー。一生ラクできるわ。蟻が砂糖に群がるように、みんな国連や援助団体にたかっているのよ。私たちもたかっているんだけれどね」。ナイジェリアのシェラトンホテルのバーで、売春婦が笑ってそう打ち明けてくれたのを、デールたちと話しながら思い出していた。

「1955年ごろに始まったアフリカ諸国の独立ラッシュから今日まで、アフリカには世界中から湯水のように援助金が注入された。でも、そのほとんどが有効に使われなかった。戦争が増えただけで、殺戮《さつりく》が繰り返され、政治家はスイスに口座を持ち、国民はひどく苦しんでいる」とデール。彼によると、日本は「お金での支援国」としてはトップクラスになるそうだ。日本国民の税金はこんなところで無駄になっているのかもしれない。

自分の国がどこにあるのか知らない子どもたち

マラウイ湖畔、カンデビーチを散歩していると、若い男2人と目が合った。ギフトとシスコと名乗る自称高校生。「日本の車はいい」「昔、この近くでウナギを探している日本人がいた」など、わけのわからないことを言いながら、しつこくつきまとう。それでも、「マラウイは〝日の昇る国〟という意味なんだ」と教えてくれたので、町を案内してもらうことにした。10分程度だったが、2人は歩きながら何度も「家族が病気で治療費がいる」などと言って遠まわしに金や服を欲しがってきた。頑《かたく》なに断ったが、しかたなく代わりに昼飯をごちそうした。煮豆とキャッサバの団子を食べた。3人で、ガイド料込みの料金として約600円かかった。たぶんボラレた。

食後、そのレストランで母親を手伝っていた男の子に、彼が通う学校へ連れて行ってもらった。学校の名は、カンデビーチ・プライマリースクール。午後のせいか生徒はいなかったが、校長と話ができた。中学だけでなく高校もある。「まれに大学へ進学する生徒もいるんです」と校長は自慢した。生徒はトンガ族が中心で、トンガ語が第一、チチュワ語が第二、英語が第三外国語で公用語となっている。英語は小学4年生から習うそうだ。

小学校はたいていの村や町にある。無料だが、義務教育ではないので通わなくてもいい。子どもを学校へ通わせない家族も少なくないとのことだった。

そんなことを話しているうちに、なりゆきで、翌日はぼくが授業をすることになった。

「エイズで孤児が多いんです。国からの補助がないので困っています」と校長が訴える。エイズ孤児の寮があるというので見学を希望した。見せてはくれなかったが、寄付は要求された。校長のポケットマネーにならないようにと願いながら、約1000円を校長室の寄付用ダンボール箱に入れた。マラウイの人もお金を欲しがる。だが、不思議なくらいモロッコ、ナイジェリア、カメルーンほど、嫌な感じがしなかった。だから素直に寄付しようと思えたんだと思う。この違いは何だろう。

翌朝、カナダ人のマーク、彼の恋人のメグ、イギリス人のヘレンも同行する。

ぼくたちは、バンダという歴史の先生の授業を生徒と一緒に受けた。続いてぼくの日本についての授業。次々に生徒たちが日本語や日本の食べ物の質問をしてくる。しかし、日本を知っている子は皆無だった。もっともぼく自身が、マラウイを知らなかったのでおあいこか。

学校には国内はおろか世界地図もないので、ボロボロの黒板にチョークで世界地図を描く。「マラウイと日本は飛行機でどれくらいかかると思う？」と質問すると一斉に手が上がる。最初の子どもは「3日かかる」、次の子は「15時間」。飛行機に乗ったことがないのでみんなあてずっぽう。見当がつかないようだった。

学校での授業。日本を紹介した

生徒たちの真ん中にマークがいる

子どもたちの多くが紙やペンを持っておらず、メモもとってないのに、授業後には「ありがとう、こんにちは、いち、にい、さん、し」とすらすら日本語を復唱している。

「書き文字の言葉の文化がなかったので、その分、聴く能力が発達しているのかもしれないわね」とメグ。別れ際、生徒たちは逆立ちしたり、180度開脚したり、小枝のスティックで木を叩いて演奏したりなど、自分ができる芸を披露して見送ってくれた。

学校周辺の集落では、村人が小さな畑を耕していた。女性も鍬《くわ》で土をすいている。自分たちが食べるのに必要な食べ物は、とりあえず自給自足で賄えているようだった。母とその子どもがキャッサバを杵《きね》でついて粉にしている姿も見かけた。学校は午前中で終わるので、ほとんどの子どもたちは午後、家の手伝いをしているそうだ。

子ども同士のセックスはおとがめなし

学校には塀がないせいか、村の人たちも自由に入ってくる。この日も校庭にエイズ患者と思われる、極度に痩せた人たちが何人か座っていた。ヘレンが彼らを見ながら「悲しいわね。アフリカの国々は、子ども同士のセックスにおとがめがないとバンダ先生が言っていたよね。壁のない小さな家で一家族10人ほどが生活しているから、学校で性教育しても効果ないのよ」と言った。

エイズにとってアフリカは広がりやすい環境だ。母子感染も多く、子どものときは元気でも、大人になるにつれて痩せこけ、30歳ほどで死ぬ人も多い。

マラウイの隣国、モザンビークの山間部で、あどけなさの残る15歳くらいの女の子たちが、まったく洗濯していないような布に自分の赤ちゃんをくるみ、それぞれ抱えていた。

ぼくたちが滞在していたマラウイ湖畔のキャンプ地の管理人からは、「法律での結婚年齢は15歳くらい。でも、女の子は12歳くらいから結婚している。その前に性交渉を持つ子もたくさんいる」と聞いた。エイズの被害が深刻で、平均寿命が40歳程度の国々。ならば、結婚が早くてもいいのかなと考えてしまった。モザンビークで見た光景を、バンダ先生に話したとき、こんなふうに答えてくれた。

「コンドームなどまず手に入らないだろうし、学校がないから避妊の知識もない。テレビやラジオもないので夜も昼も楽しみは、大人も子どももセックス。しかも、モザンビークの山間部なら、ここよりさらに状況が悪いでしょうね」

オアシス号の女性たちは、旅の途中、街のどこかしらで男性からセックスの誘いを受けた。男性陣は売春婦から誘いを受ける。ぼくも何度も誘われた。だが、そのたびに笑顔で断った。最初は無視していたが、途中から笑顔で断るようにした。そうするとなぜか代わりにいろいろな情報が入ることがあったからだ。

18歳のヘレンは、肩を触られただけでも「触るな、あっち行け」と騒いだ。市場では大声で泣き出したこともある。欧米や日本だとセクハラで訴えられるけれど、彼らは平気。これもアフリカ文化か。

タンザニア

タンザニア連合共和国
United Republic of Tanzania

●人口｜約4248万人
●旧ドイツ領
●1961年独立
●首都｜ドドマ
●通貨｜タンザニア・シリング

アラブ人は黒人より優秀なのか

雄大な自然、さまざまな野生動物が生息するタンザニア。アフリカ最高峰キリマンジャロがあることでも有名だ。

ぼくたちはみんなでタンザニア最大の都市ダルエスサラームから約35キロメートル沖合のザンジバル島へ行くことにした。高速フェリーで約2時間だった。

ザンジバル島は、周囲を砂浜とサンゴ礁で囲まれたリゾート地である。タンザニアと合併したのは約40年前。昔はインドやアラブとの交易拠点として栄えた島だ。そのせいか、アフリカ大陸の国々とはちょっと雰囲気が違う。まるでアラビアンナイトの世界だ。アラブ・インド様

「白亜の都」とうたわれるストーンタウン。着岸するフェリーから見えた建物群は美しかったが、街中には修復準備中の美しくない建物も多かった

宿泊したホテル近くの、静かなストーンタウンの裏通り

昼間、のどかにゲームをする人たち

式が町全体にエキゾティックな雰囲気を醸し出している。そのわりにはモロッコみたいにガサツな感じがないのもいい。

世界遺産に登録されているストーンタウンへ行ってみる。サンゴ石を積み上げ、モルタルで固めた建造物が連なる町だ。アリという30代の男性ガイドを雇い、散策することにした。この島の人々はイスラム教徒なのに、なぜかアングロ系の教会があった。奴隷を売買する市場として使われていたそうだ。

「ポルトガル、オマーン、イギリスと支配は時代ごとに変わりましたが、今も島の95%がイスラム教徒です」とアリ。確かにベール姿の女性が目につく。学校のそばを通ると、女子生徒は全員白のベールをつけていた。アリに奴隷について質問してみた。

「奴隷ビジネスは、アラブ商人がアラブ人を相手に行っていました。ビジネスパートナーはスワヒリ族です。向こうに見える小さな島、あれがプリズンアイランド、奴隷の収容所で、東アフリカの奴隷貿易の拠点でした。歴史上、ここが奴隷売買最後の地です。１８７３年まで続きました。奴隷にされた黒人は、主にアラブ人家庭の召使い、使用人にされました。奴隷船に乗せられてアメリカに送られ、サトウキビ農園などで過酷な労働を課せられた西アフリカの奴隷とは、数も仕事も大きく違います」

アリはアラブ人なので、暗にアラブ人は良心的であり、イギリス人やフランス人らヨーロッパの奴隷ビジネスは「あくどい、ひどい」というニュアンスで説明する。一緒に話を聞いているヨーロッパの連中たちは、あまりいい気はしなかっただろう。

移動を制限されたマサイ族、ビーチでみやげ売り

アラブ、インド、アフリカがミックスされたようなザンジバル島。その北部にあるビーチ・リゾートで、なぜか民族衣装で着飾ったマサイ族が、貝殻のネックレスなどのみやげを売り歩いていた。

マサイ族はすぐわかる。身長が2メートル近くある男ばかりだからだ。筋肉質でありながらも細身で精悍《せいかん》な顔。赤いタータンチェックの布をまとい、ツエを持っている。ライオンとも戦う勇敢な部族というイメージもあり、ヨーロッパの女性に圧倒的な人気を誇っている。「オランダ人女性がマサイ男性との結婚生活を綴《つづ》った本がベストセラーになったのよ。もっとも数年後には離婚したらしいけれど」とスザーヌが教えてくれた。

夜、スザーヌたちと浜辺で焚き火をしていたら、昼間よりきれいな伝統衣装で着飾ったマサイの若者たちが話に加わってきた。彼らは故郷キリマンジャロから出稼ぎでやって来たという。もともとマサイ族は遊牧民だ。家畜を連れだって牧草地を移動し、生活をしていた。しかし、キリマンジャロ一帯が世界遺産に登録されたため、木々の伐採や放牧ができなくなった。勝手

に環境を破壊することを防ぐため、隣国ケニアが住民の定住化政策を実施してしまった。

その結果、マサイ族は移動放牧ができなくなり、生活の糧を失ってしまった。このマサイ族の男性も今は、観光客相手のみやげ売りとホテルのガードマンで生計を立てているという。

「この仕事が好き。食べ物が簡単に手に入るからラクだし」

海がないところで生活していたから魚は食べない。ゾウは食べないが、キリンは食べるそうだ。牛の血を乳に混ぜた飲み物が大好物。これはマサイ族の伝統的な食べ物だが、ザンジバル島では簡単に作れないと嘆いた。ぼくたち日本人が海外旅行で味噌汁を恋しがる気持ちと似ている気がした。

みやげ売りやガードマンをしているが、彼の本当の目的はシーラやスザーヌのような、ヨーロッパから来た金を持っている白人女性だ。白人女性にはマサイ族男性を買うために、タンザニアやケニアを旅行する人も多い。そのことにはあえて触れなかった。

割礼を受けていない女性とは結婚しない

オアシス号を離れて、仲間たちみなでサファリトラックとガイドを雇い、マニャラ湖国立公園とンゴロンゴロ保全地域（世界遺産）に一泊二日の動物見学旅行へ出かけた。

ガイドのヴィクターはマサイ族。マサイ名はドロルポといい、29歳で新婚、ガイド歴は9年。

マサイ語、スワヒリ語、英語が話せた。英語は小学校2年から学んだ。好感の持てる青年だ。マサイ族では珍しくクリスチャンだった。

「先ほどの集落の首長は妻を約20人、牛は3000頭ほど持っています。ふつうのマサイには妻が2、3人いますが、ぼくはクリスチャンなので妻は一人だけです。昔からマサイの仕事は牛飼い、すなわち牛や羊、ヤギの遊牧が主です。マサイ族がライオンと戦ったのは伝説的な昔の話。最近は移動制限もあってほとんど狩猟できません。でもこの地域の、今のマサイは、ぼくのように観光業で働く人が多いです」とヴィクターが教えてくれた。

ちなみに、小学校への就学率は80％。これはアフリカにおいては驚異的な数字だ。その前に通ったキリマンジャロ国立公園近くの村のマサイ族は、「女性は割礼さえ終われば12歳くらいで結婚する。結婚すると学校へは行かない」と言っていた。

ぼくの質問に答えて、「小学校の先生の給料は月1万6000円。中学高校の先生の方が高く、月3万円くらいです」とも教えてくれた。

ぼくらは、ガイド料とは別にチップをヴィクターたちに払った。7名に2日分として約7000円。車代は別だ。「君は高給取りだね」と言うと、彼は恥ずかしそうにはにかんだ。

マサイ族に関心を持つ、オランダ人のスザーヌが割礼についてヴィクターに質問した。割礼とは、性器の一部を切り取るという宗教的伝統儀礼である。

「マサイ族は男女とも割礼します。男性は12歳くらい。女性は結婚前に必ず行います。割礼をしていない女性は結婚できない。私の妻も割礼済みです。女性の結婚年齢は12歳くらいから。法律では15歳からだし、政府は女性の割礼を禁止しています。でも、マサイ族をはじめ、多くの部族はその法律を守りません。伝統文化ですから、国が何か言っても変わることはないでしょう。私も、もし妻が割礼を受けていなければ、結婚はしなかったでしょう」とヴィクターは言い切った。

それからが大変だった。女性陣が一斉に反発し始めたのだ。やれ、女性割礼を強制する男が悪い、女性のセックスの悦びを奪う男が悪い、こんな習慣はすぐに中止すべきだと。

あげくのはて「あなたはクリスチャンでしょう。なのに、割礼しない女性とは結婚しないとはどういうことなの？」と詰めよられ、ヴィクターは「父親が娘の割礼に反対でも、母親と村の女性グループが強制的に娘に割礼をさせている。男性だけでなく、女性自身が割礼儀式を重要だと考えているんです」と現実を説明した。

女性の健康にかかわる割礼儀式は、マサイ族だけでなくアフリカ全土において、大きな問題であることは間違いなさそうだ。

生きていることは奇跡だ。もう、生きているだけでいい

翌朝、タンザニア北部に広がるンゴロンゴロ保全地域に入った。マニャラ湖国立公園から、霧で視界の悪い細い山道を1時間ほど走る。

ンゴロンゴロとは、マサイ語で「巨大な穴」という意味である。200万年から300万年前に大噴火を起こした火山の、火口部分の陥没によってできたクレーター（噴火口）と、広大なサバンナ、そして山岳地帯から成るエリアだ。クレーターは直径約20キロメートル、深さは500メートルほどのくぼ地、そして、その周りをぐるりと山々が囲んでいる。そのため、クレーター内は一年を通して水と緑に恵まれている。その周辺で動物たちも快適に過ごせている。

マサイ族のガイド、ヴィクターがそばで説明をしてくれる。

「ここにはライオンが100頭います。ライオンは25年ほど生きます。見えますか、あそこでライオンが交尾していますよ」。彼が指を差す方をみんなで一斉に双眼鏡で見る。メスの後ろでオスがしゃがんでいる。オシッコをしているようにも見える。

「繁殖期はこの1週間ほどです。オスとメスが一緒にいて、一日に75回ほど交尾します。一回は一回はピッという感じで短いです」とヴィクター。「赤ちゃんがたくさんできるといいね」とみんなで応援した。そのすぐそばでは、別のライオンが食後の昼寝をしている。しとめたシマウマの食べ残しが生々しく残っている。

ゾウもぞろぞろと歩いている。

「牙の長い、ほら、アカシアの木の下にいるのがわかりますか。あの年寄りのゾウは55歳くらいです。ゾウは牙の長さで年齢がわかるんです」。ぼくと同い年だ。心の中で「がんばれよ」とエールを送る。

サイも初めて見た。白サイと黒サイの違いをヴィクターが説明してくれるが、何度聞いてもわからない。カバと違っておとなしいと言って、5メートルくらい近くまで車を寄せてくれた。

そうこうしているうちに、「ヌーが移動しています」とヴィクターが教えてくれる。小規模の集団だというが、100頭以上の群れで、土煙がすごいのでその勢いに圧倒される。

ヴィクターが、隣接するセレンゲティ国立公園を観光するかどうか、ぼくたちにたずねた。一泊二日で、一人4万5000円。人数が4名以上なら一人2万5000円で割安になるという。どうしようかと迷ったが、動物の大移動が北上しケニアのマサイマラへ移ったとの情報があり、興味が半減したため、行かなくてもいいかなと思った。イギリス人のスティーブが代表して「ぼくたちはセレンゲティ国立公園の観光はやめるよ。今までに多くの公園を訪問してたくさんの動物を見てきたし。それにセレンゲティは入場料が驚くほど高いから」と答えてくれた。オランダ人のスザーヌはちょっと残念そうだったが、「一人では高すぎるわね」と言い、あきらめた。すると、ヴィクターがこう弁明した。

「この国もまだ、独立前ほど経済が良くありません。でも、少しずつ良くなっています。他の

中央がンゴロンゴロのクレーター

マニャラ湖の湖岸を染めるフラミンゴ

ンゴロンゴロで初めて見たサイ

アフリカ諸国とは違い、あまり部族間抗争がないですし、社会主義を緩和してうまく自由経済を導入できていますから。ここの観光事業はどこにもまねできないので、入場料が高くてもしかたないんです。そうやって徹底的に動物を観光資源として守っているわけです」。確かに、動物の宝庫なのは、徹底して管理してくれているおかげだ。

世界的にも有名な公園で、お客は各国から集まってくる。しかも、飛行機を乗り継いで来る裕福な欧米、日本の旅行者たちも多い。実際ぼくたちもローカル空港で、優雅なサファリファッションの男性やハイヒールのおしゃれな女性たちが、出迎えの、ピカピカのランドローバーに乗り込む光景を目にした。

「海外からの、お金に余裕ある観光客向けの事業だからこそ大成功したわけです。ここで得た資金が学校事業にもまわるので、小学校への就学率も80％になるわけです」とヴィクター。「ビールも3USドル（約290円）でしょう。キリマンジャロ国立公園、ンゴロンゴロ保全地域、セレンゲティ国立公園すべてが世界遺産。タンザニア国内でも、ここは経済特区だね」と金融業に携わるケビンらしい分析だ。

アフリカは人類を生んだ大地。360万年前に人類の祖先がこの東アフリカで誕生したと言われている。

帰る前に、クレーターの縁に立ち、夕日に染まる全景をゆったりと眺めた。

ンゴロンゴロの事務所にあったクレーターの模型

満腹で寝そべるライオン。食べ残したシマウマの死骸がすぐそばにあった

アフリカ水牛の群れ。一つの群れで100頭はいた。群れが走り出すと、地響きと大きな砂ぼこりがたった。ガイドによれば、彼らの天敵はライオンだけだという

タンザニアのンゴロンゴロ保全地域。ここはまさにぼくにとって憧れのジャングル大帝レオの国そのものに思えた。湖の周りでは、ピンク色の美しいフラミンゴが舞い、ライオンをはじめ、サイなど珍しい動物が自由に闊歩している。水辺では子どもを守るように群れていたシマウマのわきを、ハイエナがうろつき、ハゲタカが死骸をついばんでいる。

「人類の祖先たちの遺伝子が、途切れることなくぼくにまで続いている。そのことが不思議。ミラクル、奇跡だ」

そんなことを感じたのは人生で初めてだった。

遠くを見つめるみんなの顔が夕日で染まっていた。

「生きているだけでいい。裸のままでいい」心が叫んだ。

最終学期

ゴリラが支える国から、摂氏50度の砂漠まで

ケニア

ケニア共和国
Republic of Kenya

- 人口｜約3877万人
- 旧イギリス領
- 1963年独立
- 首都｜ナイロビ
- 通貨｜ケニア・シリング

町は経済の中心地になっても、貧困は消えない

アフリカ東部の赤道直下にあるケニア。太陽の光は強烈だが、標高が2000メートル以上あるので、雲が出たり、日差しがあっても木陰に入ると涼しい。

その首都ナイロビは活気にあふれ、東アフリカのビジネスの中心地であることがよくわかる。スーツの男性、ファッションを楽しんでいる女性も多く見かける。

ナイロビでぼくは、いつものようにオアシス号を一日離れ、安ホテルに宿泊することにした。スザーヌとシーラも一緒だったので、わりと高級なイタリアンの店にも行った。「さすが、ナイロビ。どれもおいしい」と2人は満足そう。ケニアはコーヒー豆の産地だけにコーヒーも香りがあっておいしい。

アフリカの都会は、大きくなればなるほど、不衛生で汚く、混沌としていて犯罪が増えているという感じだが、ナイロビではそんな感じをあまり受けなかった。

しかし、ここも治安が悪いようだ。ホテルの受付で「夜はたとえ50メートルでも外を歩かない方がいい」と注意を受けた。アンディからも「土日と夜間の外出は避けて。強盗強姦も多いから」と言われていた。だから、どんなに近場でも食事に出るときはタクシーを使った。

そのタクシーでのこと。ほんの数秒信号待ちをしている間に、赤ちゃんを抱いた女性の物乞いが窓越しに金を要求してきた。しかも、3組立て続けだ。驚いていると運転手が「人形に毛布を巻いて抱いているのもいるから、同情するな」と言ってくれたので、女性と目を合わさないようにして無視した。走り出すと「生まれてからずっとあんな生活している女たちだ」と運転手は言い放った。

父は首長で妻7人、兄弟姉妹は計54人

ナイロビから約140キロメートル北上したところにあるナクルという町へ行き、エガートン国立大学を訪ねた。学生数約1万4000人。農業分野ではアフリカで有名な大学だ。ここに子どもの健康と女性の地位向上のために国際的に活躍しているローズ・オミヤンドという女

性の教授がいる。事前に、知人に紹介してもらい、会いに行ったのだった。

スザーヌとシーラも同行する。

ローズの父親は、ある集落の首長で妻が7人、子どもが54人いる。彼女は最初の妻の3番目の子どもだ。姉妹で唯一女性割礼を拒否し、勘当された。父親が首長で金持ちだったので、ナイロビ市内にあるケニヤッタ国立大学へ進学できたそうだ。ローズのスタッフと共にアフリカ女性の地位や割礼、セックス、エイズなどについて話を聞いた。スザーヌとシーラがいてくれたおかげで、みんな気を許し、ざっくばらんに話してくれた。

「法律で禁止されていても、通過儀礼だから女性割礼は一筋縄ではいかない。歴史が古いし、男性から強制的にさせていると思われがちだけど、親が子の割礼に反対しても、その村の女性グループが強行することがあるの」。タンザニアのガイド、ヴィクターの話とまったく同じだった。シーラたちも割礼を単純に反対できないことを理解したようだった。法律よりも伝統を重んじる、それもまたアフリカの人間性なのだろう。

黒人が日本の「大統領」になれますか

ナクルへの移動中、たくさんのビニールハウスを見かけた。ケニアでは今、花産業が非常に伸びており、花の輸出量も毎年増加しているという。そんな花産業の成長を称賛したくて、ローズの名前にかけて「日本にもたくさんのローズが届いていますよ」と冗談を言ってみたが、彼女には通じなかった。残念。代わりにオランダ人のスザーヌが「バラやガーベラなど花の栽培と輸出は、オランダ人が20年以上かけてケニアで一大産業に育てたのよ。ケニアは気候がいいから」と反応し、鼻高々にそう言った。

ローズのご主人も紹介してもらった。セブンス・デイ アドベンチスト教会の牧師だ。彼が、「私たちには4人の息子がいるが、一人はアメリカMITで宇宙工学を学んでいる。ケニアへ戻っても宇宙の仕事はないので、アメリカで働くことになるだろう」と話してくれた。ヨーロッパだけでなくケニアのエリート層はアメリカとつながりが深い。

「ところで、黒人が日本の大統領（総理大臣）になれますか？」とご主人が聞いてきた。

「まず無理だと思います」とぼく。

「オバマは知っていますか？」

「もちろんです。アメリカの大統領です。でも日本は移民国家ではないので難しいんです」

「日本では黒人はダメですか。そう考えると、やはりアメリカはすごい国ですね」

「では、日本人がケニアの大統領になれますか？」と聞き返してみた。

「うーん、まだ、白人の方が、可能性があるかも」とローズのご主人。これには聞いていたみんなも大爆笑だった。

オバマ大統領の父方の故郷は、ローズの父親と同じ集落だった。ローズは、胸にオバマ大統領のバッジをつけていた。

　別れ際、「ケニアは、他のアフリカ諸国と違って、経済も安定していていいね」と言ったら、ローズに「表面には見えないかもしれないけれど、政治的にはとても不安定よ」とはっきり言われた。数日の旅行では見えない何かをこの国も抱えているのだと知った。

　キャンプ地へ戻り、他のオアシス号の仲間たちに「君たちの国で、黒人が大統領もしくは首相になれる可能性はある？」とたずねると、全員がすぐに「NO」と答えた。オーストラリア人で、配管工をしているガイは「アボリジニでも無理だな」とつぶやいた。ニュージーランド人、グランツは「マオリ系ならひょっとして可能性があるかも」と言った。

　なお、ケニアからアリというイギリス人が乗組員に加わった。30代前半、ロンドン大学に通い、ドイツのユダヤ人研究をしているという女性だ。

ウガンダ

ウガンダ共和国
Republic of Uganda

- 人口｜約3165万人
- 旧イギリス領
- 1962年独立
- 首都｜カンパラ
- 通貨｜ウガンダ・シリング

赤、青、黄色の派手な制服と新しい学校が目立つ

ウガンダに入ったのは6月ごろだったが、標高が高いせいか信州みたいに空気がさらっとして気持ちいい。小さな畑をよく見かける。トウモロコシ畑が広がっていると、女性陣は「トイレのとき、隠れるのが簡単でいいわ」と喜んでいた。

かつてのウガンダの独裁者イデ・アミン大統領は10年間で自国民30万人を殺した。7万人のアジア移民も国外に追放されている。ずっとそのことが頭にあって、あまりいいイメージがなかったのだが、今回訪問してみて印象が変わった。人々はおだやかだし、農業が盛んだから食べ物がある。物乞いする子もいることはいるが、他国よりはるかに少ない。マラリアの心配がなければ、住んでもいいかなと思えるほどの国だった。

首都カンパラから、次の目的地カバレに向かって赤道を縫いながら、高原をドライブする。今まで何度も見てきた木や葉でできた家は少なく、代わりにトタン屋根の家が増えてきた。設備の良さそうな学校もいくつか目に付いた。学校によって異なるものの、赤、青、黄色と生徒は単色のカラフルな制服を着ている。

どこの学校も進入路の脇に、「O・Aレベル。寮制」という案内看板があった。「イギリス式全寮制の学校ね」とシーラ。イギリスの植民地だった影響なのだろうか。それにしても、こんなに施設の新しい学校がいくつもあったのはウガンダだけだ。教育に力を入れているのが伝わってくる。

首都カンパラでは、エリックというアメリカ人がオアシス号へ乗り込んだ。30代後半、広告会社を共同経営している男性だ。ぼくのテントの相棒になった。

ウガンダで活躍する日本人女性が語った援助の現実

ルワンダとの国境の町、カバレのインターネットカフェで、青年海外協力隊の日本人女性と知り合った。23歳。笑顔が素敵だ。職業訓練学校で裁縫やネックレスなど小物の作り方を指導していた。

ずうずうしく彼女の働く学校へ自転車タクシーで連れて行ってもらう。学校のそばまで行くと、道行く人が彼女に声をかける。村の生活に溶け込んでいるのがよくわかる。教室にはミシンがあり、若者が楽しそうに裁縫をしていた。

協力隊の現状について聞くとこう語ってくれた。

「治安が良いので、人口3000万人の、ウガンダという小さな国に、約200人の隊員が日本から派遣されています。いまだに配属先や受け入れ先の決まっていない隊員もいます。にもかかわらず、私の任期満了後、この学校への隊員派遣は中止になるんです。学校は私のような裁縫の技術のある隊員を必要としているのに、首都から遠いので。必要なところなのに補充されない。それと、月に一度、首都カンパラの事務所でミーティングがあるのですが、事務所にある冷蔵庫を修理してほしいとか、仕事以外のことが多くて。定期的に本部にレポート提出の義務があるのでそこで改善を求めるのですが、なかなか要望は届かないんです」。話しながら涙をポロポロ流し始めた。さまざまな思いが溜まっていたのだろう。

カバレでもう一人、日本人女性と知り合いになった。アカネさんという。彼女は青年海外協力隊ではなく、ウガンダ北部でNPOの図書館を立ち上げ、独自に活動していた。

「ウガンダは確かに治安がいいんです。内紛の続く北部でもナイロビよりはいい。こうやって、女一人でも気軽に旅ができるのですから」。彼女は休暇を楽しんでいる途中だった。

「お金が続く限り、この国にいたい。それにしても協力隊は待遇がいいからうらやましい。私は自腹でボランティア活動だから大変なの」と笑うアカネさん。以前は、一流ホテルで働いていた。いわゆるキャリアウーマンだったという。ウガンダには、孤児のために自費で長年活動している日本人男性もいると教えてくれた。

オアシス号の仲間、ベッキーやキュースティンは獣医として、デビは心理カウンセラーとしてアフリカ各地で機会あるごとにボランティア活動をしていた。おかげで、ぼくもそこで働く欧米の老若男女のボランティアたちとたくさん出会うことができたわけだが、彼らの誰一人として日本の青年海外協力隊を知らなかった。説明するとたいてい「そんなシステムが本当にあるの？　お金がもらえるなんてすごい」「でも、日本人をあまり見かけない。いったいどこで働いているのかしら？」といった答えが返ってきた。

赤道直下にスイスのリゾート地のような絶景が広がっていた

「水が冷たい。スイスのコモ湖みたいにきれいだ」とコリンたちヨーロッパ人が、称賛のため息を漏らした。ウガンダ随一の景色と言われるブニョニ湖。確かにスイスを彷彿させる美しさがそこに広がっている。

カバレの西部にある赤道直下のブニョニ湖で、仲間10名と小舟に乗って、ピグミー族の集落

ブニョニ湖、キャンプ場の船着場からの眺め

ピグミーの人たちの出迎えダンス。背の高い人物は他部族との混血

へ出かけた。湖には島が浮かんでいる。船頭が指を差し、「あれが、かつてらい病患者を隔離した島です。アングロ系教会が病院を作ってくれたおかげで、らい病はなくなりました。病院は今、リゾートホテルになっています」と教えてくれた。

ケビンが、「100年ほど前、イギリスの政治家、チャーチルがまだ新聞記者だったころ、ウガンダを訪れてこの国を『アフリカの真珠』と言ったそうだ。今も山々が美しい。白ナイルの源流もある。どうせなら徹底的にリゾート地として開発したほうがいい。その方が儲かるはずだ」と、金融の専門家らしい見解を話してくれる。

ピグミー族を保護支援している活動団体の半日ツアーに参加した。ピグミー族は大人でも身長150センチメートル前後。背丈以外は、ごくふつうの黒人。とはいっても、最近は混血も増え、中には170センチメートルくらいの背の高い者もいる。

訪問した集落は子どもを入れて十数名。靴がなく、服もボロボロ、とにかく貧しい。太鼓と雄たけびがうるさいだけのダンスで歓迎してくれたが、踊り終わると、すぐに葦で編んだ小さなザルを突き出してチップを要求してきた。

「ウガンダは定住化政策でピグミー族をへき地に追いやり、隔離しようとしている。代替地も与えない。だから、このツアー費のいくらかは、ピグミーの土地購入の資金にしている」とピグミー族が不満を訴え始めた。

そして、みやげの販売が始まった。どのみやげも民族的な香りがしない。ブレスレットはヒモだけのものだったり、銅線を丸めただけの貧弱なものばかり。断るとあからさまに嫌な顔をする。子どもも大人も「ギブ　ミー　マネー」の連発。結局、この村では彼らの生活や文化習慣を見ることはできなかった。「彼らは、食べ物はあるが仕事がない。金が欲しいんだ」と言うガイドもまた、船の乗り降りの際、ぼくたちに手を貸してはチップを要求した。

豊かに思えたウガンダだっただけに悲しい。貧しさは、心まで貧相にしてしまう。

世界のナイル川で転覆！

全長6695キロメートルにもおよぶ、世界最長のナイル川。その源流の一つが、緑豊かで農業も盛んなウガンダのジンジャ、ヴィクトリア湖。そこからキョウガ湖を経てアルバート湖に流れるまでのナイルをヴィクトリア・ナイル、アルバート湖からスーダン内の支流バハルエルガザル川と合流するまでがアルバート・ナイル。さらに、バハルエルガザル川と合流し、ハルツームで青ナイルと合流するまでを白ナイルという。青ナイルはエチオピアのタナ湖を源流とする。ナイル川はジャングルの豊富な栄養を、エジプトそして地中海まで運び出している。

ジンジャは川下りの名所だ。ブライアンたちに誘われて体験することにした。

出発地ジンジャからナイル川を約30キロメートル、一日かけて下っていく。ゴムボートは8

名一組。わきの下に、擦り傷ができるほどきつくライフジャケットのひもを締め、ヘルメットもあごできつく締めてもらった。パピルスの茂る川幅の広い凪《なぎ》で、ゆっくり景色を眺めながら「ああ、これがカイロ、そして地中海まで続いているのか」と想像し、とてもロマンチックな気分になった。

しかし、それもつかの間、雨季で増水したナイルは大荒れで、ぼくたちのゴムボートは激流に呑まれ、何度も転覆した。水は温かかったものの、仲間の使うパドルがぼくの顔面にヒットし、一時的に気を失い、転落して溺《おぼ》れそうになった。ぼくは右鼻の横に大きな傷を作った。ひさしぶりに怖い思いをした。カヤックのサポート隊がいなければ、ぼくを含めた数名は大変なことになっていただろう。

でも、昔の探検家たちの危険はこんなものではなかったはずだ。ジャングルを分け入って源流を探すのも大変困難だが、それ以上に川を使う探検旅行は、非常にリスクを伴うものなのだとよくわかった。

ナイル川下り。こんな激流のところが６カ所あった／撮影＝カメラクルー

キャンプ場からボートの激流下りを見学できる

ルワンダ

ルワンダ共和国
Republic of Rwanda

- 人口｜約1030万人
- 旧ドイツ保護領、第一次大戦後、ベルギー委任統治領
- 1962年独立
- 首都｜キガリ
- 通貨｜ルワンダ・フラン

人間は悪魔になれる。100日間で100万人が虐殺された町

ルワンダと聞くと、「ルワンダ紛争」がつい思い浮かぶ。1994年、フツ族とツチ族の民族対立があり、フツ族がツチ族約100万人をたった100日間で虐殺したのである。以前から興味があったので、首都キガリに到着すると、すぐにキガリ虐殺記念館へ出かけた。当時の様子がわかるものが展示されているからだ。

これは、本当に人間の仕《し》業《わざ》なのだろうか。あまりに恐ろしく震えがきた。しかも、たった16年前のできごとである。一緒だったイギリス人のアリは、ロンドン大学の学生で、ユダヤ人研究をしている。その彼女も「ユダヤ人の虐殺もすごいが、短期間にこれだけの人を殺すなんて」と絶句していた。世界最悪の事件の一つ、カンボジアのポル・ポトもひどかったが、ルワンダ紛争もすさまじい。大量虐殺は人間の狂気、異常な行動だ。

記念館の年配のガイドが自らの体験も交えて説明してくれた。

「ショートスリーブとロングスリーブ。この意味がわかるかい？　殺さないで手を切り落とす長さのことさ。鉈《なた》で切り落とし、いたぶって殺す拷問もあった。学校では、生徒が先生を殺し、先生が生徒を犯して殺した。昨日までの学友も殺した。多くの子どもは孤児になり、生き残った人たちもトラウマがひどいんだ」

女の子も強姦された。その数は50万人にのぼるという。ＨＩＶ陽性の男たちにだ。それが、エイズ拡大の原因にもなった。根こそぎツチ族は殺された。ツチ族が生き残れないように。

「ガス室もひどいけれど、ここも……」と、アリも顔をしかめる。

報復を恐れたフツ族も含め、約３００万人が隣接の国々へ逃げ、難民となった。

もともとの部族抗争のきっかけはベルギーの政策にあったようだ。ルワンダはかつてベルギーの植民地で、１９６２年の独立前に、ベルギーが少数民族ツチ族に国を治める権力を与えたのが原因だ。一方、虐殺が始まったころ、フランス政府はフツ族を支援していた。フランス語圏だからだろうか。いずれにしても国連の力不足、世界の国々の無関心が、虐殺の規模を拡大させたといえる。

日本で映画『ホテル　ルワンダ』を観ていたので、イメージは何となくあったものの、この記念館で観たビデオフィルムや、実際の骨の山の方が圧倒的にすさまじかった。人間はとんでもない殺戮《さつりく》をする。突然、悪魔になる。心底怖くなった。

たった16年前のことである。ルワンダで出会った人たち、すれ違った人たち、買い物で対応してくれた人たち、16歳以上のすべてがこの虐殺を目撃していて、30歳以上の大半が、このむごい虐殺に積極的にかかわっていたことになる。レストランで出会ったアフリカという名前の29歳の大学生はツチ族だった。思い切って聞いてみた。

「家族はみんな殺された。でも、国外脱出し、難民として生き延びたツチ族も戻ってきたので、今、この国の約10人に一人はツチ族だ。副大統領もツチ族だ」と淡々と話してくれた。

どのように彼らを理解したらいいのだろう。混乱している。それにしてもこの国はよくぞ復興したと思った。人々の表情はいたって明るい。首都近郊では道路沿いのあちこちで光ケーブル埋設工事が行われている。スコップやシャベルを持ち、現場で働く人々はイキイキしていた。これも人間のすごさなのだろう。ぼくたちは第二次世界大戦から60年以上も経つのに、いまだにわだかまりがある。オランダ人のスザーヌは、「叔父は絶対に日本製品を買わない。大戦中、日本の捕虜だったから」と平然と言う。それだけにツチ族とフツ族の仲直りのしかたは、信じられないほどだ。

「スーダンでは、ルワンダと同じような虐殺が現在も行われている」とアリが教えてくれた。歴史はどこかで繰り返すものなのだろうか。

高山ゴリラがピグミー族より有益なのか。10億円の入園料収入

ルワンダ北部、コンゴ民主共和国との国境にヴォルカン国立公園がある。標高4500メートル級の緑豊かな熱帯雨林地帯で、ハイランド地区と呼ばれている。ぼくたちはこの場所に、マウンテンゴリラを見に行った。入園料は一人約5万円と、ケタ外れに高額だがしかたない。

マウンテンゴリラは、人間に最も近い霊長類の一種といわれている。もともとは低地に住んでいたが、火山爆発で高地となった土地に適応し、生き延びた。今はルワンダ、ウガンダ、コンゴ民主共和国の森林地帯に約700頭しか生息していない、絶滅危惧種である。

公園近くのキャンプ地には、ぼくたちのオアシス号のようなオーバーランドトラックが4台停まっていた。ゴリラを見るため、立ち寄ったのだろう。半年前から予約をしないと希望日の許可が取れないほど人気だ。ぼくは日本出発前に予約していた。

ガイドのビンセンスはフツ族、27歳だという。彼の説明によると、年間約2万人の人々がここを訪れる。入園料だけで国の収入が約10億円。そのうち5％が地元の財政費となる。おかげで周辺の病院や学校はきれいに整備されている。さらに、観光客の宿泊費や交通費などで数十

億円がここに落ちる。公園は貴重な観光資源であり、国の大きな財産というわけだ。

ぼくが訪れた日も大勢の観光客が来ていた。ビンセンスからの注意は一つ、「通過する村の子どもや大人たちが金品を求めても与えないように」だった。

5人ずつ、8グループに分かれ、8つのゴリラの家族を別々に見に行く。ぼくのグループはウイズダムと名付けられたゴリラの家族のところへ。1時間ほど除虫菊の畑のある山を登り、2時間ほどジャングルを歩いた。

到着すると、ガイドの指示でゴリラの家族に近づき、間近で見ることができた。5頭いたがみんなおとなしい。人間を見慣れているのか、あまり反応しない。後で別のグループで訪問した仲間から「背中が銀色になるシルバーバックと遭遇した」「赤ちゃんが寄ってきたので触った」「胸をボコボコ叩くゴリラを見た」と話を聞き、ちょっとうらやましかった。

ビンセンスによると、東アフリカコミュニティーとして、ルワンダ、ウガンダ、ケニア、タンザニア、ブルンジの5カ国が共同体となり、どの国も自由に行き来でき、働くこともできる。実際、ビンセンスはルワンダとウガンダで研修を受けゴリラガイドの資格を取得したそうだ。

ところで、ゴリラで観光客を誘致するため、追いやられたのが先住民族のピグミー族である。「彼らはこの地から追い出された。ゴリラの生態系を壊すという理由で。ピグミー族はもともと文明との接触を好まず、ゴリラとはとても仲良くできるのに。このままではピグミー族が絶

ウイズダムグループの母子。目の前で見ることができた

木登りしているが、うまく登れない。何度も挑戦していた

滅する」とビンセンス。民間団体が主体になり、ピグミー族の保護活動は始まっているという。タンザニアでマサイ族が追いやられている状況と同じだ。どうやらアフリカ諸国では、人間よりも動物の方に価値があると見なされている。

ビンセンスは内紛時、両親と共にウガンダへ逃げ難民となった。彼はこの時代を「大虐殺(slaughter)」と表現した。その後、ウガンダで両親はエイズで死亡した。痩せていた彼も多分、ＨＩＶ陽性だ。英語ができるのはウガンダで育ったからだった。

エチオピア

エチオピア連邦民主共和国
Federal Democratic Republic of Ethiopia

●人口｜約7910万人
●アフリカ最古の独立国
●首都｜アディスアベバ
●通貨｜ブル

エチオピアの大飢饉は政治で拡大した

エチオピアはアフリカで３０００年以上、独立を維持している国家である。ウガンダから一度ケニアに入り、北部の国境の町モヤレで出国、エチオピアへ入った。そこから首都アディスアベバまで約５００キロメートル。２日かけてひたすら北上していく。ここでもロバや人力車で水を運ぶ光景をよく見かけた。

移動中、車内でアメリカ人のルークが"We Are The World"を口ずさみ出し、歌い終わるとぼくに話しかけてきた。

「80年代、ライオネル・リッチーやマイケル・ジャクソンたちが作った曲だよ。エチオピア難民救済のため、全米のトップアーチストが集まり、音楽を通して募金活動をしたんだ。アメリカではものすごくヒットした。知っているかい？」

「もちろん。日本でも大ヒットしたよ。ぼくも好きな歌だ。でも、エチオピア難民救済のために作られた曲だと知らなかった」と答えた。

するとスコットランド人のロスが「エチオピアの大飢饉、あれは、半分は人災だ。エチオピアでは独裁政治が長く続いた。あの大飢饉は自然現象だけでなく、政府の無策も原因なんだ。彼らは難民がいくら死のうがおかまいなしだった。餓死者が増えれば、それだけアメリカから援助が集まる。そのために状況がひどくなったんだ。その事実を知っているのか、ルークは」と言った。どうもスコットランド人のロスは、アメリカ人のルークに対してときどき見下した言い方をする。ガーナで別れたイギリス人のリックやデビッドもそうだった。イギリス人やスコットランド人は、アメリカのアフリカ支援のやり方が気に入らないようだ。

事情通のアメリカ人、エリックにエチオピアのことを聞いてみた。

「この国は、イタリアに占領されたことがあるものの、アフリカで植民地にされたことのない唯一の国だ、文字も持っていて独自性が強い。そのせいか貧しいけれど、プライドは高い。そんなふうに感じないか？」

独自性といえば、途中で立ち寄った観光局のポスターに"13 months of Sunshine"と書いてあった。聞けば、この国は一年を13カ月に分けているのだという。まったく不思議な国である。

女の子が即死。命の値段は安い

首都アディスアベバから100キロメートルほど北上したあたりでのこと。牧場や畑が広がっているのどかな場所だった。その道路わきには廃棄された戦車が残っていた。その戦車を見るためにぼくたちはオアシス号を停め、降りた。いつものように、どこからともなく子どもたちが集まってくる。女の子たちはアーミッシュのような服を着て十字架を首からぶら下げている。一度も洗濯をしたことがないのかと思いたくなるほど服は汚れていた。また、太いロープの鞭を持ち、空中でパシッ、パシッと振りながら、牛を引いてくる子どももいた。

お調子者のファーマーが鞭を持たせてもらったが、あやまって自分の腕を強く打ち、半泣き状態になる。でも、それが子どもたちにウケて、一気に互いの距離が縮まった。畑があって、家畜がいて、人の笑顔がある。それだけでこのあたりの生活がとても豊かに見えた。

アメリカ人のエリックが、「アメリカの100年前の景色だ」と言った。「100年前のことを知らないくせに」と心の中でツッコミを入れながら、ぼくはこの風景を心から楽しんでいた。

事件はその直後だった。子どもたちと写真を撮っていると、「パン!」とライフルで射撃したような音がした。その瞬間、大型バスが過ぎ去った。振り返ると子どもが血を流して道路に

エチオピアの牛飼いの子どもたち。この後ろで女の子がはねられた

横たわっている。腕が変な方向に曲がっていた。子どもたちは蜘《く》蛛《も》の子を散らすように逃げ去っていく。バスにはねられたのだ。5歳くらいのボロ衣をまとった女の子だった。首に銅の十字架をしていた。

即死だった。

バスはそのまま逃げた。「つかまると村人に殴り殺される。逃げるしかない」とグランツ。これがアフリカのルールなのだという。地方には警察がない。「すぐに出発する、みんな乗れ」とグランツが怒鳴った。騒ぎに巻き込まれると、今度はぼくたちが危なくなるからだ。その場からすぐに去った。

もし、ぼくたちが駐車していなければ、あの女の子は交通事故に遭わなかったのではないだろうか。亡くなった女の子、その家族、そして逃げ去ったバスの運転手にさえも自責の念を覚えた。車内で嗚咽《おえつ》が聞こえてきた。みんな泣いている。ぼくも涙がとまらなかった。冥福を祈った。人は簡単に死ぬ。そのことをアフリカでまざまざと見せつけられた。

白いスニーカーを磨く靴磨きの子たち

エチオピア北部のラリベラ。「蜜を食べる」という意味のラリベラには、8世紀以上も前に巨大な岩をくりぬいて造られた12の教会群があり、世界遺産に登録されている。ここが、エチオピア聖教会の本山、アフリカのエルサレムと呼ばれる巡礼地だ。荘厳な美しさで見る者を圧倒する。国民にとっては崇拝の場である。

ここでは、善光寺のお戒壇巡りに似た儀式も体験した。神々への讃歌でもあるチャンティングも聴けたのだが、日本のご詠歌のようだった。それにしても見学料3000円は高い。ホテルでも2人部屋で800円なのに。

教会の見学を終え、マークやメグと一緒に雨の町を散策していると、小さな木箱を抱えた10歳くらいの少年が駆けよってきた。彼は靴磨きだった。ぼくたちは岩場を歩くトレッキングシューズを履いている。片言の英語と大げさな身振り手振りでぼくの靴を磨くという。後ろからさらに小さな男の子が裸足で追いかけてきた。50メートルほどずっとくっついてきて離れようとしないのでギブアップし、磨いてもらうことにした。

アディスアベバでは、ロスが興味本位で、汚れた白のスニーカーを磨いてもらっていた。彼のスニーカーは予想以上にきれいになっていたのでちょっと期待する。ゴアテックスの部分はボロ布に水を含ませて泥を拭きとり、ゴムの部分は黒の靴墨をほんの少しだけ指に取ってすり込んだ。両足で50円。お金を受け取った彼の笑顔にぼくは満足した。彼は客を取るのに最低限必要な英語はできた。学校に行ってないという。「安くするから、仲間を紹介して」と磨き終わってもにこにこ笑いながらついてきた。

ずいぶん古い話だが、ローマオリンピックのとき、裸足で走り、マラソンで優勝したすごい選手がいた。アベベである。彼の祖国がエチオピアだ。半世紀経った今でもこの国に靴はない。みんな裸足のままだ。

アフリカにおける中国事情について

サハラのアラブ諸国では気づかなかったが、サブサハラあたりから、意外にもアフリカと中国とは関係が深いのだとわかってきた。主観が入っているが、ぼくが見たアフリカでの中国について、いくつかまとめておこう。

カメルーンには数多くの中国人移民がいた。タクシーの運転手が「中国政府がオイルなどの地下資源だけでなく、農業にも目をつけ、中国人をどんどん送り込んだ」と教えてくれた。

コンゴ共和国では、大規模な道路工事、空港建設、長距離送電鉄塔設置などのインフラ整備すべてが中国企業によって行われていた。アンゴラの道路工事も中国企業。道路上には、円錐《えんすい》の帽子を被《かぶ》ったアジア人が多く働いていた。タンザニアとケニアの国境付近でも、道路整備が行われていたが、そこにも中国企業の看板や中華街でよく目にする提灯《ちょうちん》があり、中国企業のロ

12ある岩の教会の一つ

岩窟聖堂ベテ・ギョルギア

遺跡巡りに借りた小型バスにはガイドと助手２人がついた。２人ともずっと銃を携帯していた

ぼくのシューズを磨いてくれた少年

ゴの入ったトラックがズラリと並んでいた。

ナミビアの空港には、1940年式中国軍隊の練習機があった。ジンバブエのグレート・ジンバブエ遺跡には、中国製の陶器のかけらが展示してあった。ハラレで知り合ったジンバブエ大学の女子大生が、「ザンビアでは、アフリカンドリームを夢見て多くの中国人が移民している」と話していた。「中国で働くより賃金がいいとうわさになっている」からだそうだ。

とにかく行く先々で、中国のアフリカ進出にぼくは目を見張った。「新植民地政策かな。すごいね」とケビンに言うと、「EUからの批判は多い。でも、中国はおかまいなし。学校や病院も作っているようだけれど、援助というよりビジネスとしてだね。中国はアフリカでビジネスをしようとしている。投資であり、援助や支援ではないよ」

ケビンは、中国のアフリカ進出に驚くぼくに、それがどうしたのという感じでこう言った。

「それよりインドの進出に気づかなかった？」

環境コンサルタントのデールから「アフリカへの援助支援の問題を知りたければ、この本を読め！」と勧められた2冊の本を旅行中に読んだ。一冊が『The Bottom Billion』。ジンバブエの首都ハラレの書店で探していたら、バーバラが「それなら私、持っているわ。大学院の教材にも使っているの」とぼくに貸してくれた。「アフリカ貧困の原因は、内戦や民族間の紛争ではない」「資源国では民主主義よりも独裁制の方が安定する」など、意表を突くさまざまな考え方が記されていた。もう一冊は、ニューヨーカーのエリックが貸してくれた『Dead Aid』。「アフリカをよくするためには、経済支援や援助を完全に中止するといい。津波や地震などの緊急災害の援助は別だけれど」とクリスが言っていたが、この本を読み、彼の言葉に確信を得た。事実、本には「アフリカが貧しいのは援助のせいだ。援助は社会の腐敗を助長させ、人々を貧困に陥れている。国を自立させるためには金を与えてはだめだ」とあった。

ルソーの言葉「子どもをだめにするのは簡単、欲しがるものをすべて与えればいい」というのと同じだとぼくは直感した。中国のように、ビジネスをしようとする方が、アフリカの貧困脱出につながるのだとなんとなくわかってきた。

マレーシア人のキャロリンは、「マレーシアだって、イギリスの植民地だったけれど、独立後はちゃんと政治が機能して経済も発展しているわ。なぜアフリカ人は自分たちの国を自分たちで何とかできないのかしら。バカみたい」と毒づいていた。そして「日本はよく植民地から逃れられたわね。イギリスとフランス、どちらに狙われていたの？」と聞かれたのも思い出す。

【補足】帰国後に知ったのだが、ここで紹介した2冊は和訳されていた。『Dead Aid』（Dambisa Moyo）：『援助じゃアフリカは発展しない』（ダンビサ・モヨ［著］、小浜裕久［訳］、東洋経済新報社）、『The Bottom Billion』（Paul Collier）：『最底辺の10億人 最も貧しい国々のために本当になすべきことは何か?』（ポール・コリアー［著］、中谷和男［訳］、日経BP社）

スーダン

スーダン共和国
The Republic of the Sudan

- 人口｜約3915万人
- 旧イギリス・エジプト共同統治下
- 1956年独立
- 首都｜ハルツーム
- 通貨｜スーダン・ポンド

女性の就学率の低いスーダン

スーダンで、カナダ人のステファニーだけが入国できなかった。書類が届いていなかったからだ。翌日、再度挑戦するが許可が下りない。ステファニーは大泣き。それでもアンディたちが粘って、入管が閉鎖する夕方5時に奇跡的に許可が下りた。思わずみんなで歓声を上げた。映画のワンシーンのようだった。

そこからはもう一気に首都ハルツームを目指してひたすら走る。

ハルツームは、白ナイルと青ナイルの合流地で、エジプト向けの奴隷が出荷された港だ。今もここには奴隷がいると聞いた。もし世界のどこかでいまだに奴隷がいるとすれば、それはとても悲しいことだ。

町の女性はベールで顔を隠している。そのせいか人々に愛想がないような気がする。言葉もアラビア語しか通じないので困った。

ここでは、日本の医師たちが医療支援活動を行っているというロシナンテスの事務所を訪問した。主宰者である川原医師とは会えなかったが、責任者の岩間氏から現状を聞けた。「私たちは、2006年から活動を開始し、今後、約3年計画で安全な出産ができるような体制を、村人たちと共に作ることを目指しています。その第一歩としてちょうど村の女性全員に割礼のアンケート調査が終わったところです。ほぼ100%割礼しているようです」と話してくれた。これから分析作業に入るそうだ。

ロシナンテスは、女性が教育を受けられるための支援も行っている。世界各国の援助でかなり改善してきたというが、ぼくたちが通過した村や町でも、たとえ学校があっても女性の就学率は低い。教育が普及していないので識字率も低いそうだ。

エジプトへの道の途中、砂地獄で病人続出

訪問の後、白ナイルに続き、2度目のナイル川下りを体験した。優雅に1時間ほど楽しむ予定が、雨季で白ナイルと青ナイルの合流地点の水流が強く、船が立ち往生してしまい、港に戻

れなくなってしまった。しかも、船はドラム缶に長細い板を乗せてあるだけというぃかだのような作りで、エンジンの力が弱い上、すぐにガス欠になってしまった。しかたなく助けを待ち、4時間かかって港へ戻った。アフリカらしい事故だ。せめて写真でも撮りたかったが、船上からの撮影は禁止。川沿いに橋や政府のビルがたくさん建ち並んでいるためである。

ハルツームを出発すると2時間ほどで砂漠地帯に入る。昼中は36度、曇りがうれしい。遠くの油田の炎が、陽炎《かげろう》のように見える。

通過する村や町には、必ず一つはペンシル型のモスクがあった。さらに進み、ナイル川沿いの国道から離れると、やがて集落もなくなり、かつて人が住んでいたと思われる泥を乾かして作ったレンガの家や塀が、風で移動する砂丘に埋もれていた。

ここから5日間連続で北へ走り続け、エジプトとの国境の町、ワディハルファを目指した。車内の温度は50度以上。燃える太陽と砂漠のみで、昼食の準備をしたくても日陰などまったくない。柔らかな砂地に入ると決まってタイヤがはまり、立ち往生する。そのたびに砂地獄から脱出するため、みんなで砂かきをした。すべり止めの鉄板も取り出して使う。

体力の消耗は激しかった。口を開くと体の水分が飛んでいくのがわかる。女性たちはスカーフを、男性はタオルを水に浸して口にまく。各自4リットルほど買っていたボトルの水もすぐになくなり、ハルツームで水道から補給しておいたジェリ缶の茶色い水を飲むようになった。

ナミブ砂漠のソススフレイ砂丘

スーダンの砂漠での立ち往生。運んでいるのは砂からの脱出に使う鉄板

みんな疲れ果てている

そのせいで病人が続出だ。ウィルが日射病、ステファニー、スザーヌは下痢、バーバラは風邪といった具合に、次々ダウンした。

若者たちの口数も少なくなり、オアシス号全体が元気を失い始めた。オランダ人女性のスザーヌは手が震え出していた。そんななか、最高齢のシーラがついに倒れた。脱水症状を起こしたのである。

みんなのイライラが最高潮に達し、ちょっとしたことですぐに口ゲンカになっていたが、シーラが倒れたことで関心が彼女に移った。全員でシーラの看病に集中した。幸い砂漠の小さいオアシス村で、ポンプで汲み出す豊富で透明な地下水を分けてもらえたこともあり、彼女は順調に回復した。

なお、スーダンでは内戦の続く南西部には当然のごとく行けなかった。

水と平和はただで得られない

アフリカでは、水がいかに重要な資源なのかを思い知らされることが多い。

『日本人とユダヤ人』という本に「日本人は水と平和はただで得られると思っている」と書いてあったが、本当にそうだなと思う。

ケニア北部やエチオピアでは、ロバやラクダを使って水を運んでいた。聞けば、片道2時間から3時間。水を運ぶだけで一日仕事だ。女性や子どもたちだけでなく、男たちが水の運搬を行い、商売にしているところもあった。

また、オアシス号で走行中、窓からＮＧＯや慈善団体が作ったと思われる井戸をたびたび見かけた。日本の国旗が描かれた井戸もあった。車を降りて近くに寄ってみると、滑車付き、手押しポンプ、太陽電池で動く電動ポンプ式などさまざまなタイプの井戸があった。

ナミビアの砂漠では、枯れた井戸を見つけた。水タンクもあるかなり大きい設備だ。本の虫で批評家のクリスが、そのとき読んでいる本の一文を声に出して読み上げた。

「慈善団体が井戸を掘る、そこの村の人口が増加する。水がたくさん使われる。井戸が枯れる。そして人が住めなくなる。アフリカ南部の砂漠に住むサン族は、スイカや根茎から水分を採っていて井戸に頼っていなかったのに、井戸を作ったせいで生活が荒れた」

砂漠に入る前はいつも、ぼくたちはオアシス号の水タンクに十分な水を補給する。20リットルのジェリ缶16個分に相当する量だ。それでも不足したときは、オアシスで村人から水を分けてもらったり買ったりした。ときには、湖水や川の水を料理に使い、汚れた井戸水を飲んだ。もちろんその際は薬を入れる。だいたい薄い茶色か白濁だ。味は説明が難しいが、海沿いでは塩臭くなり、湖水や川の水は、土とも草ともいえぬ匂いがすることもあった。ただし、体には最低限安全だ。

砂漠のなかで、水が湧き、樹木が生い茂っているところがオアシス。ぼくたちが初めて訪れたオアシスはモロッコ、マラケシュ。交易の中心地で、異邦人も積極的に受け入れ、水を求める者を差別せずに助けたという話も聞いたことがある。実際、町にオリーブがたわわに実っていたり、マンダリンオレンジ、ブーゲンビレア、アカシアの並木が多い。水がある証拠だ。

西サハラ、モーリタニア、マリでもオアシスが点在していたが、印象的だったのがナミビアのスワコプムント。基本的には砂漠なのだが、水が豊富だから人が集まり、ドイツ人が入植したので町がリゾート地にもなった。海岸沿いの塩田が赤やピンク色でとてもカラフル。郊外にはゴルフ場がある。

そして、オアシスといえば、何といってもエジプトだ。もともとオアシスという言葉はエジプト古来の言葉に由来するといわれているだけあって、エジプトのオアシスは非常に多様性に富んでいる。

そのなかの一つ、ファラフラ・オアシスに到着したときのこと。メインストリートが一つしかない小さなオアシスにもかかわらず、検問所があった。他のオアシスでもそうだったのだが、ここでも警察がぼくたちに野外キャンプの許可を出さなかった。理由は2つあった。「オアシスでよそ者にキャンプをさせたくない」、もう一つは「半年前、ここで日本人数名が行方不明となり、大騒動となったため」。おかげでホテルでの宿泊となる。

砂漠でのキャンプを楽しみにしていた仲間、宿泊費をセーブしたい仲間からは一斉に「日本人はどうしようもない。ヒロのせいだ」と冗談が飛び交った。「シャワーがあるホテルだからうれしい。ひさしぶりにさっぱりできる。きれいになれるわ」と女性陣には歓迎された。

ベッキーとメグとぼくは、ホテルのオーナーの運転で彼の農園に連れていってもらった。ホテルから30分、時速100キロメートル以上のスピードで砂漠を飛ばした。農園では、地下1000メートルから冷水をポンプで汲み出し、深さ1メートル、2畳ほどの大きな水ガメに一度溜め、そこから水路をつたって水を畑に流していた。畑にはヒマワリ、ミント、ナス、トウガラシ、トウモロコシ、メロンなどが実っている。すべてぼくらの夕食になった。

ベッキーとメグは、ちゃっかり水着に着替え、水ガメに飛び込んで大はしゃぎ。「ヒロも入ろうよ、水着がなければ、裸で入りなよ。服のままでもすぐに乾くから」と大胆に誘われた。

水と太陽があれば、砂漠で作物も人の心も、のびのびと育つ。

再び考えた、アフリカにおける宗教のこと

砂漠に入るとついアフリカの人々にとっての宗教、すなわち神について考えてしまう。

南アフリカで別れたオランダ人ジャーナリストのカレンが、何かの話のときに「神の存在を信じない」と言ったのを思い出す。それに対して、イギリス人のクリスがこう返した。「神は

存在すると信じた方が、何かと助かるよ。いろんなことに説明がつくからね。いるか、いないかは50％の確率。コインの裏表みたいなものだよ」

特にサハラでは、宗教がすべてだった。キリスト教であってもイスラム教であっても、娯楽、教育、法律、生きる術すべてを提供しているのが宗教だ。この宗教なくして、厳しい環境で人が生きて行くのはとうてい無理だ。同時に、神の存在を信じる力さえあれば、どんな過酷な自然のなかでも、人間はたくましく、しぶとく生きていけるものなのかもしれない。

余談だが、リーダーのグランツの生命力もたくましい。毎日、夜が訪れることを楽しみにして、砂漠をひた走り続ける。愚痴をもらすぼくたちに「これが後でよい思い出になる」と切り捨てるように言い放った彼の心情は、日本へ帰国してから理解できた。グランツはマラリアの予防薬が体に合わず、幻覚症状が出るため、旅行中まったく服用していない。本人は言わないが、サブリーダーで、パートナーでもあるアンディによると、彼は今までに10回ほどマラリアにかかっている。この旅でも一度かかったが、運転を続けた。強靭《きょうじん》な人間だ。

私の英語が理解できないあなたたちが悪い

ここで少し仲間の語学力について紹介しておこう。

弟の家族が住む南アフリカから参加してきたオランダ人のスザーヌは、オランダ語、フランス語、ドイツ語、アフリカーンス語、英語が話せる。55歳の彼女には息子2人と娘1人、元地理の教師で現在は学校の人事を担当している。ご主人は会社の経営者とのことだった。

彼女の話す英語は、一部のイギリス人とアイルランド人たちにうまく通じないことがしばしばあった。彼女も彼らの英語を理解しようと努力しない。

そんなスザーヌが、ある日の夕食時、とうとう爆発した。「私の英語が理解できないあなたたちが悪いの。言語能力がなく、デキが悪いということよ。正直、みんなどう思っているの？」と言い、矛先がぼくに向けられた。「ヒロは理解できているの？」

「最初はブライアンやスティーブの話すことが全然わからなかった。ぼくも困ったよ」と返事し、「コーヒーを取ってくる」と言ってその場から逃げた。彼女の英語はぼくよりはるかに上手だ。「英語が一番苦手」というが、正確にゆっくり話す彼女の英語はとてもわかりやすい。

その一方で、イギリス、アイルランド出身の仲間たちとも半年以上、行動を共にしてきたので、彼らのクセのある英語にも慣れてきていた。もちろん、スザーヌの気持ちもよくわかる。

カナダ人獣医のベッキーとキュースティンは英語とフランス語を自由に使いこなす。フィンランド人のヤーナはフィンランド語、英語、フランス語、ドイツ語、スウェーデン語、ロシア語を少々。同じくフィンランド人のマルコもロシア語以外は、ヤーナと同じ。デンマーク人の高校教師ジェイコブは、デンマーク語、英語、スウェーデン語、それとフランス語を少々。オランダ人のジャックとカレンは、オランダ語、ドイツ語、英語、フランス語、アフリカーンス語を少々。マレーシア人のキャロリンはマレーシア語、英語、スペイン語を少々といった具合だ。

全員ではないが、複数の言語を使える人が多かった。では、最も参加者の多いイギリス人はどうか。読書家のクリスはフランス語の本を読んでいた。シーラはフランス語で会話し、お茶を楽しんでいた。アメリカ人ルークの英語をいつもからかっていたデビッド、リックは英語しか話さなかった。アイルランド人のブライアンの英語は、ぼくにはとても聞き取りにくかったが、同じアイルランド人でも、オーストラリアで仕事をしていた経験のあるシェイの英語は聞きとりやすかった。

会話力は後からついてくる

語学力の話を続ける。

南アフリカで、ぼくはオアシス号から離れ、ケープタウンから喜望峰ミニバスツアーに参加したことがあった。そこで出会った人たちと、言語の話題で盛り上がった。ガイドが言うには、「世界中からお客さんが来てくれるけど、英語さえ話せればみんな何とかなっているよ。中国人観光客は英語が話せない。韓国人は英語が下手。日本人は最近、英語が話せる人が増えた。

上手下手は関係ない。下手でも英語でコミュニケーションを取ろうとしているから、それでオーケーよ」とのこと。多分、日本人に対するお世辞だろう。韓国人や中国人で英語が上手な人はとても多いからだ。

実際、民族語は別にしてサブサハラ（サハラ砂漠以南の黒人の多い地域）では英語とフランス語で用は足りた。マサイ族やサン族でも、生活レベルの英語は多少話せた。ただ、モロッコやエジプトでは困らなかったが、同じイスラム諸国のスーダンではアラビア語しか通じなくて、タクシーに乗ったときに相当苦戦したが、その程度だ。

ぼくは出発直前、東京のあるフランス語学校で高額な短期集中授業を受けていた。だが、仲間が通訳してくれたこともあり、フランス語は結局、使わなかった。つまり、高額な授業料をドブに捨てたのと同じだった。

オアシス号での共通語は英語だ。仲間と共に旅をしている限りは、誰かがフランス語ができ、通訳してくれたので、英語さえできれば大丈夫だった。

ドイツ人のマーカスはドイツ語とオランダ語、英語が話せる。そんな彼がこう話してくれた。

「ぼくは2年前、別のオーバーランドトラックで3カ月間、東アフリカを旅行したんだけれど、そのとき、飛躍的に英語力が伸びたんだ。このトラックはまさに英語学校そのもの。ヒロも恥ずかしがらないでどんどん話せばいい」

エジプト

エジプト・アラブ共和国
Arab Republic of Egypt

- 人口｜約7785万人
- 旧イギリス保護領
- 1922年独立
- 首都｜カイロ
- 通貨｜エジプト・ポンドと、ピアストル

摂氏50度ではさすがに思考回路も停止

スーダンから、ナイル川をフェリーで北上し、船内で入国手続きを済ませ、ダムで有名な、エジプトのアスワンに入った。茶色に濁っていたナイル川の水は、アスワンで透明になった。エジプトは、全人口約７８００万人。全アラブ世界の人口の4分の1を占めている。そのうち90％がイスラム教、5％がコプト教。公用語はアラビア語である。

アスワンの町は、ナイル川沿いなのにうだるように暑い。摂氏50度。正午なのに商店街にほとんど人の姿がないのも当然だ。道路が舗装されているので余計に照り返しが強く、体感温度はさらに高く感じる。まるで熱々のフライパンの上で、さらにドライヤーの熱風をあおられているみたいだ。

ぼくたちは全員が安ホテルへ滞在した。エジプトの町では野宿が許可されていないため、キャンプができないからだ。ホテルのロビーにはフランス人中学生の団体旅行客たちがいた。床に座り込んでいる。「暑い暑い、フランスへ帰りたいと言っているわ」とベッキーが笑う。隣のインターネットカフェへ行くと「店は閉めるから、夜また来い」と客が追い出された。この暑さでは商売をする気も失せるのだろう。

近くにマクドナルドがあった。ビックマックが19エジプト・ポンド（約２７０円）、コーラが７エジプト・ポンド（約１００円）だった。考えたらマックはモロッコ以来だ。そのせいかとてもおいしく感じた。

カップの底にべっとり残る

その後、ナイル川沿いのホテルでエジプトコーヒーを飲む。豆と砂糖と水を一緒に煮るのでカップの底にコーヒーの粉がドロドロッと溜まるのだが、それがエジプトコーヒーの特徴のようだ。そんなにおいしくはないが、チップを入れて10エジプト・ポンド（約１４０円）を支払った。後で人から「コーヒーはふつう４、５エジプト・ポンド（60〜70円）らしい」と聞かされた。ホテルなのにぼったくられたわけだ。料金はすこぶるいいかげん。インターネットカフェでさえ、人によって料金が違った。でもまあ、しかたない。

世界遺産アブ・シンベルにはバス10台、軍のコンボイで行く

　アブ・シンベルはスーダンの国境近く、ナイル川沿いにある。ぜひ見ておきたいと思い、アスワンからのバスツアーに申し込んだ。早朝の3時半、出発場所には観光バス約40台、一般車両が約10台、合計約50台が集合。軍の指示で10台ずつ、コンボイ（車両集団）を組み、目的地に移動した。

　コンボイを組むのは、テロリストから観光客を守るためである。レンタカーで観光する人も必ずガイドを雇い、早朝の出発時間に集合し、軍の検問を受けなければならない。その上でコンボイにバスと同じように組み込まれて一緒に移動する。アスワンから走ること片道約３００キロメートル。現地には2時間だけ滞在し、戻るときも同じようにコンボイを組む。

　アブ・シンベルにある2つの神殿は、ファラオ・ラムセス二世によって造られた。すでに３０００年以上の月日が流れているが、ほとんど昔のままの状態で残っている。ぼくたちは2時間しか見学できなかったが、心が一気に古代エジプトへ飛んだ。人体型の巨大座像4体は、神ラーを祀《まつ》ったもの。小神殿の6体の人体型巨大直立像は、ハトホルという女神を祀ったものだ。これらをラムセス二世が自身の意志によって造ったんだと思うと、鳥肌が立った。

神ラーを祀る大神殿。壁面は戦いの物語などの緻密な彫刻で装飾されている

ハトホルを祀る小神殿。ヨーロッパや中国からの観光客がたくさんいた

神殿を造った当時の技術もさることながら、アスワンダムのため、ナセル湖に水没しそうになったアブ・シンベルの神殿を、ユネスコが世界中から大金を集めて高台に移動させた熱意と技術にも感動した。高い志があれば、人間はとてつもないことができるのだと実感した。

それにしても観光客が多い。夏休みの時期なのか、ヨーロッパの中学高校生や中国人の団体旅行者が目についた。

帰りも集団行動だったので、「うっとうしいな」という気持ちを何気なく顔に出してしまった。そんなぼくを見て「99年、ルクソールで欧米人と日本人観光客がテロで殺されている。殺された日本人の腹から『観光客はエジプトから出て行け』と書かれたメモが発見されたのを知っているのか？」とガイドが言った。コンボイの必要性を説いてくれたのだった。

神殿から戻ったその夜は、仲間10人とアスワンダムの麓にある村から小舟に乗って、ヌビアン族7000人が住む村へ出かけた。ヌビアン族はエジプト南部とスーダン北部に住んでいる。アラブ人と黒人が混ざったような顔つきの、穏やかな部族だ。アラブ人のように押しつけがましくないのがいい。みやげ売りも「いらない」と言えば、わりと簡単に引き下がってくれる。

村に入ると水色の壁、水色の玄関が目立つ。地中海沿いの街並みたいで心地いい。

ここでは、アンディの知り合いで、ガイドの仕事をしているモハメッドの家を訪問させてもらった。何とテレビや冷蔵庫がある。夕食も野菜と鶏肉。彼が裕福であることがうかがえる。

室内に大きな桶があり、小型のワニを4匹飼っていた。「いつか食べるの？」と聞いても笑うだけだった。ぼくは、エジプト人について彼に質問した。

「エジプトの主な民族は、アラブ、ベドウィン、ヌビアンです。ヌビアン族の者がエジプトの王になったこともあります。黒人の王です。私たちヌビアン族の第一言語は、ヌビアン語とアラビア語。息子には英語も勉強させています。仕事に使えるからです」。ぼくがつい昼間の暑さをぼやくと「あの暑さでは、まともな仕事などできません。だから、どこも昼はお休みします。子どもたちも朝早く学校へ行きます」

シーラは、モハメッドの娘から腕にヘナで花柄のタトゥを入れてもらい、ご機嫌な様子。このタトゥは時間が経つと消えるのだという。

アブ・シンベルへ行くときの物々しさとは比較にならないほど、モハメッドの家ではのんびりしたひとときを過ごせた。

シーラの体力も徐々に回復していたが、「こう暑いと体力だけでなく、思考がとまっちゃうわ。今日はいつだったかしら？」と嘆いていた。まずは健康第一。シーラは次の訪問地のルクソールから、ぼくたちと別れて、クーラーのある汽車の一等室で直接カイロまで行くことに決めた。勤務先から休暇の延長が認められず、帰国を余儀なくさせられていたオランダ人のスザーヌと一緒だから安心だ。彼女はもともとルクソールから汽車でカイロへ直行し、オランダに帰国する予定だった。スザーヌも数日テントを離れ、ホテルに滞在し、休養と栄養がとれたので、手の震えは治まっていた。ひどいときは荷物も持てないぐらいの震えだったので、治って本当によかった。

いずれにしても夏の砂漠は、ぼくたち年配組には難所だった。

生と死を象徴する遺跡群に圧倒される

ぼくは何人かの仲間と共に、帆が三角のかたちをしたフェルカという小型ヨットをチャーターし、ルクソールまで二泊三日のおだやかなクルーズを楽しんだ。これもオプショナルツアーの一つだ。景色や水鳥を楽しみながら、川面をゆっくりと船は進んでいく。ときどきフェルカを停めてはひと泳ぎした。食事も船員が作ってくれるのでラクチンだ。

川沿いには、農地灌漑《かんがい》用のポンプ小屋がいくつも建ち並んでいた。そのなかには、日の丸がペイントされ、日本の援助だとわかる小屋もあった。3階建ての船上ホテルも何度も行き来している。つくづくナイル川は〝観光地〟なんだなと思う。

「エジプトはナイルの賜物《たまもの》。古代ギリシャの歴史家ヘロドトスの言葉だ。豊かなナイル川のデルタがあったからこそ、古代エジプト文明ができた」と、風が気持ちいいフェルカの船上で、ファーマーが声を出してガイドブックを読み上げてくれた。

優雅なフェルカの旅。アスワン近辺

フェルカ船上での昼食。左からウィル、ガイ、シーラ、ヘレン

18歳のファーマーは今回の旅を通して徐々に協調性のある大人へと成長したと思う。最初はただのやんちゃなガキという感じだったのに、そんな雰囲気はなくなった。今は暇があれば、読書をしている。アフリカについても相当詳しくなっていた。同じウェールズ出身のジャーナリストで探検家ヘンリー・スタンレーの本がお気に入りだ。

世界遺産でもあるルクソールは、ナイル川を挟んで西岸は「死の都」、東岸は「生の都」とされている。西方極楽の考えにも通じる。古代エジプトの王たちは、生きている間に死の準備をしたようだ。シーラ、スザーヌと一緒に、ルクソールの東岸、カルナック神殿を見学した。

見学が終わると、「ルクソールの遺跡群はまさに生と死を象徴するものだね」と話しながら、シーラとスザーヌはオアシス号を離れた。シーラはカイロへ、スザーヌはオランダの家族のもとに帰っていった。

ラマダン（断食）で食べることについて考える

ルクソールは、有名な遺跡群がある観光地だから、レストランなど何でも揃っているので助かる。ランチのため、ケビンとナイル川沿いのマクドナルドに入ったときのこと。店に入るとすれ違いざま、インターナショナルスクールの高校生と思われる若者たちが、英語でべらべら話しながらテイクアウトの袋を持って店を出て行った。栄養がいいのか男女ともやや太め。そのうち2人はアラブ人だ。「ケビン、たぶん、あいつら今からハンバーガーを食べるよ」とぼくが言うと「隠れイスラムもたくさんいるんじゃないか、エジプトだから」とケビンが言った。

日中45度のルクソールではラマダン（断食）が始まろうとしていた。

「断食が始まるから、大っぴらに水のボトルを持ち歩かない、日中は外で食べない。町を観光するときは注意して。日没まで我慢よ」とアンディから念を押された。

ラマダンは断食のことだと思っていたが少々解釈が違っていた。イスラム教徒にとって神聖な月といった方がいい。この1カ月間、太陽が出ている間の飲食は厳禁となる。だが、日没から日の出までの間に食事をとるのはかまわない。その間に一日分の食事を食べてもいい。何よりイスラム教徒以外はこのルールの適用外だから安心だった。

それでもぼくはラマダンに挑戦することにした。郷に入れば郷に従えの精神である。太陽が出てから目覚めたので朝食もなし、水も飲まない。午前10時ですでに摂氏40度、仲間7名とバスでツタンカーメンの墓もある王家の谷へ行く。みんなが「ヒロ、水飲む？」とボトルを手渡そうとしたり、「昼は何を食べようかな？」と聞こえよがしに言う。暑くてたまらないが、汗が出ても日差しですぐに乾く。地下の墓も観光客が多いせいかそれほど涼しくもない。

さすがに体の調子がおかしくなりそうで、2時間の見学を終えた瞬間、「ギブアップ。水をくれ、誰か水を」と叫んでしまった。後でアンディに話すと、「地元の人々が、こんな暑い夏にラマダンができるのは、昼間は動かないからよ。みんな家でじっとしてるでしょ。ヒロみたいに昼からあちこち動きまわっていたら、絶対にもたないわよ」と笑いながら、慰めてくれた。

日没後、町はにぎやかになり、地元の食堂で、水分たっぷり、やわらかめの大麦粥を食べた。

白人にも奴隷がいたなんて……

ルクソールから西へ300キロメートル以上走り、ムトという町の旧市街に入ったときのことだ。小さな子どもたちが続々出てきて「バクシーシ（ちょうだい）、マネー、マネー」と言う。一緒にいたジェフは「またか、ここでも金、金だね」。バーバラは「悲しいね、なぜこうなっちゃうの？」と言い、ルークは「あっちへ行け、うるさい」と手を振って追い払っていた。

だが、金を乞う子どもたちをよく見てみると、アラブ人に混ざって白人の子どももたくさんいる。コカ・コーラを買った雑貨店でも、白人の母子が店番をしていた。バーバラが「顔つきから、彼らはたぶんトルコ系よ」と言った。

その後、カイロで出会った観光ガイドに白人の子どもの物乞いについて聞いてみた。

「先祖は白人奴隷だと思う。アラブ人がヨーロッパで商売した代金として、白人奴隷を受けとったからね。寒いヨーロッパは昔、貧しかった。奴隷はヨーロッパの輸出商品だったんだ」と教えてくれた。白人奴隷がいたなんてぼくには初耳だった。

風や水で削りとられた石灰岩が幻想的な風景を生み出している白砂漠

エジプトは、同じイスラム圏のモロッコと似ている。治安も生活用品や食料も充実している。ぼくの滞在中は、治安もそんなに悪くない気がしていた。

ただ、町の人々は外国人の顔を見れば、「バクシーシ」（ほどこし、ちょうだいの意味）。道を聞いてもホテルで何か頼んでも、タクシー車内に風を入れるために窓を開けても「バクシーシ」としつこくまとわりつく。イスラム教の教えに「裕福な者は貧しい者に金品を与えよ」があるとはいえ、どうしていつでもどこでも「バクシーシ」となるのか。いったい、エジプト人の思考回路はどうなっているのか。エジプトでの最大の疑問だった。

砂嵐に見舞われた最後のキャンプ

ファラフラ・オアシスを過ぎて、バハレイヤ・オアシスにいたる間に白砂漠がある。さらさらした砂というよりも荒野のような砂漠だ。真っ白な砂漠はこのツアーでも初めてだった。

風化する岩山は、砂に埋もれた遺跡のように見える。白い石膏のような岩は、チョークのようにもろく手で簡単に崩れた。大自然の造形美に勝るものはない。

12万年前、サハラ砂漠は草原だったという。人類の祖先は7万年前にアフリカ大陸から海をわたって世界に広がったとも言われている。10万年後の未来に気持ちが跳んだ。今度はこの地が森林になる日がくるかもしれない。

夜は、白砂漠を出たところの普通の砂漠でキャンプをした。エジプトではキャンプ地以外のキャンプは禁止されているので、砂丘などで隠れた見つかりにくい場所で行った。翌日以降はホテル滞在となるため、オアシス号ツアーで最後のキャンプとなった。

ぼくは砂漠の夜が好きだ。究極の静寂。砂漠でひとり満天の星空を眺めると、誰でも哲学者になれると前に書いた。でも、この夜は砂嵐で、今にも吹き飛ばされそうなテントの中は砂だらけ。目、鼻、口、手足の関節など、あちこちが砂でぎしぎしした。とても哲学者気分ではいられなかった。昼になっても、ヘアドライヤーを最大の「強」にしたような風の中にいた。

スフィンクスより魅力的な、キュートな姉妹

ピラミッドとスフィンクスの町ギザは、カイロから車で30分のところにある。ぼくはガイと

ケビンと現地のホテルに宿泊し、見学に出かけた。

巨大な建造物ピラミッドとスフィンクスをじっくり見てまわったせいか、歩き疲れたので、どこかに座りたいなと思って見まわすと、スフィンクスの右足から90度右、２００メートルくらい先の見学コースの路上で、12歳くらいの女の子がみやげを売っている。さらに近づくと、石のピラミッドや革に赤い糸で縫って作ったラクダ、パピルスにカラー印刷した王の絵などを並べている。客がいなくて暇そうにしている彼女の横に「どっこいしょ」と日本語で声を出して座った。キョトンとしてぼくをじっと見た。アラビア語が話せないので、日本語で「こんにちは。元気？」と声をかけた。それからしばらく、日本語、アラビア語、片言の英語を交えてその女の子と雑談したのだった。

最初はピラミッドを買え、ラクダを買えと言っていたが、断り続けるとあきらめ、今度は、乾燥しているのにソフトでかわいい両手で僕の顔を触り始める。撫《な》でる、つねる、ひねる、ついには額や頬をペンペン叩き出した。痛くはなく、彼女もにこにこしながら楽しそう。とても不思議な感じだが、ぼくも彼女の頬を両手で左右にひっぱってみる。口が横に伸びて、トトロの猫バスのような顔になった。

そこに、ビンのコカ・コーラを2本持った、おしゃまでツンとした強気な雰囲気の10歳くらいの女の子が寄ってきて、ぼくたちを見て笑った。どうやら彼女の妹らしい。姉にコーラを一本渡した。自分の分を、ぼくにも飲めと差し出した。ぼくは水のボトルを見せて、「いらないよ、ありがとう」と遠慮した。妹は、代わりにおみやげ商品のパピルスでできたブックマークを一枚ぼくに手渡そうとする。断ってもしつこく「あげる。これ、あげる」と英語で繰り返す。「後で金払えって言うんだろ。だからいらないよ。欲しくないんだから」とぼくも強情だ。

でも、あまりに悲しそうな顔をするので「わかった、もらうよ。ありがとう」と日本語で言うとにっこり、機嫌が直った。

観光客が、彼女たちのみやげものの前で足をとめることはなく、どんどん通過していく。ガイとケビンがぼくを見つけて、「ヒロ、ここで何をしているの？」と声をかけた。すかさず「おい、ピラミッドを買ってやれよ」と2人に勧めたが、彼らは買わなかった。それでも彼女たちはにこにこにこしていた。ギザの思い出は、巨大なピラミッドや鼻の欠けたスフィンクスの顔より、断然、名前を忘れた猫バス姉妹の笑顔の方だ。

別れのときに思う。「日本を世界のオアシスにしなければ」

旅もそろそろ終わりに近づいていた。解散した後は、ぼくのようにみんな祖国へ帰ると思っていたのだが、意外にそうでもなかった。

たとえば、オランダ人のジャックは最初からガーナで途中下車することを決めていて、そのとおりに行動した。イギリス人のリックは南アフリカまで行く予定だったが、いきなり「ぼくはガーナでみんなとお別れすることにした。ここは楽園さ。観光客相手の仕事でも見つけてしばらく働くことにするよ」と言って、オアシス号を途中下車した。ガーナはイギリスの元植民地でイギリス連邦加入国の一つだから、リックにとっては居心地がよかったのだろう。

カナダ人のベッキーは、カイロで旅を終えたら、カナダには戻らず、イギリスで働く予定にしていた。「日本でも一度働きたいと思っているけれど、英語が通じないみたいだし、それより就労ビザを取るのが大変でしょう」

イギリス人のダンも国には戻らず、南アフリカで就職活動を行い、転職するという。ポーランドで英語教師をしていたイギリス人のクリスは、先のことを決めてないようだった。

「ヨーロッパは、EUになってからビザなしでどこでも自由に働ける。問題はまだたくさんあるけどね。今度はオランダで働こうかな。カレンもいるから」

ラマダン（断食）が続くカイロで、旅の最後の日を迎え、お別れのパーティを開催した。日本に帰るのだと思うと心がはしゃぎ、「日本はぼくのオアシスだ」と叫んだら、「日本は本当にオアシスなの？」「オアシスとは、戦いで勝ち取るもの。民族の命をかけて守るところよ」と隣でワインを飲んで酔っ払っているイギリス人のアリがからんできた。

彼女の言葉を無視し、砂漠にあったオアシスに思いを馳《は》せた。

「そっか、そうだよな。オアシスは命をかけて守るところだ。どこのオアシスも、交易の中心で人も情報も集まるところだった。水を求める異邦人を助けていた。日本は世界から頼られるオアシスになれるのかな。いや、日本を世界のオアシスにしたい」

酔った頭でそんな壮大なことを思った。

オアシス号のアフリカ一周走行距離が、カイロ到着時にグランツによって発表された。4万731キロメートル。モロッコから南アフリカを経由し、カイロまでの距離だ。これはメーター読みだが、ほぼ地球一周と同じ距離になる。前半、西側のモロッコから南アフリカの間が2万2221キロメートル。後半、東側の南アフリカからカイロの間は、1万8510キロメートル。パンクは3度した。タイヤはすべてすり減るまで使い切った感じだ。グランツはトラックを小まめにグリスアップしていたが、ガーナとジンバブエで2度、数日かけて大きな整備を行っていたので、致命的な故障もなかった。

西側のマリからコンゴ民主共和国までは、悪路続きだったが、東側は約85%が舗装道路で西側に比べればずいぶんラクだった。ヨーロッパからバイクで移動している旅行者と話したことがあるが、彼らも東側の道はラクだと言っていた。砂漠、赤道ジャングル、高地、さまざまな気候が待ち受けているが、ぼくでも東側ならバイクで縦断できそうな気がしている。

付章　オーバーランドで世界を旅する方法

費用について

ぼくが参加したアフリカ大陸一周のツアーは、はたしていくらかかったのだろう。
オアシス号での旅行は、2009年11月8日に始まり、2010年8月20日までの約300日だった。その間にかかった金額は次のとおりである。
総費用合計　186万3544円
ツアー料金（食費込）やビザ申請料、予防接種、旅行保険、航空券代などを合わせた金額である。その内訳を詳しく見てみよう。

❶オアシス社へ支払うツアー料金

総額67万7365円（約5130ポンド。2009年2月5日の時点）

〈内訳〉
48万1800円（約3650ポンド。日本からオアシス社へ送金）
9万9205円（約750ポンド。ジブラルタルで現金払い。南アフリカまでの現地費用）
9万6360円（約730ポンド。ケープタウンで現金払い。カイロまでの現地費用）

オアシス社へはこれだけの金額を3段階に分けて支払う。食費やトラックの燃料費などは現地費用から充当された。ユーロ、USドル、ポンドの通貨の組み合わせは、渡航前に指示がある。最初の料金は、ポンドで送金しなければならないが、残りの現地費用は指示に従いポンド、ユーロ、USドルの組み合わせで換金して支払った。

ここでの計算はポンドで一括した。USドルが安い時期だったので、実際はこれより少し安かったと思う。

なお、この費用で全旅程の3食分がカバーされる。料理は当番を決めて自分たちで作ることはすでに紹介したが、だいたい週1回の割合で当番がまわってきた。ただし、オアシス号を離れて旅行した場合や、教会やホテルの裏庭など、料理できない状況のキャンプ場所、国境越えなどのときは、自己負担。各自、食堂や市場で買ってきて食べることになる。

アフリカを一周して、3食込みで70万円を超えないのである。オアシス社のグランツとアンディには、儲ける気がないのかと思うほどの安さだと思う。

以下は、オアシス社のツアー費用以外の出費だ。

❷ビザ申請料

総額15万4479円

〈内訳〉
11万3777円（約835ユーロ。2009年6月19日の時点）
4万702円（約420USドル。2009年6月19日の時点）

訪問26カ国の総申請料金である。ぼくの場合、すべてアフリカにある大使館や移民局で申請し取得した。国籍によって多少申請料は違う。南アフリカなどビザ申請料が無料の国もあった。申請料はUSドルで要求する国が多かった。ぼくはユーロを現金で多めに用意していたので、それは失敗だった。

ぼくは、このオアシス社のアフリカ一周ツアーに参加した初めての日本人だった。「日本人のビザ取得には実績がないので、もし、あなたのビザが取れなかった場合はそこから飛行機か船で迂回し、次の目的地で合流することになります。ご了承ください」と最初に言われた。

入国審査は国籍によって違ってくる。

たとえば、スーダンではカナダ人とアメリカ人の入国が厳しかった。アンゴラでは、ぼくだ

図表１ 2009年に受けた予防接種の記録

疾病	予防接種	１回目	２回目	３回目	料金	（１回の料金）
破傷風	Tetanus	2月2日	2月4日	8月11日	10,500円	3,500円
A型肝炎	Hepatitis A	2月2日	2月4日	8月11日	26,100円	8,700円
B型肝炎	Hepatitis B	4月10日	5月8日	9月24日	25,200円	8,400円
狂犬病	Rabies	4月10日	5月8日	9月24日	37,500円	12,500円
腸チフス	Typhoid	7月2日			5,250円	
髄膜炎	Meningitis	7月2日			13,650円	
黄熱病	Yellow fever	8月22日			13,000円	

日本検疫衛生協会東京診療所、海外勤務健康管理センターなどで受けた。マラリアの薬12錠は8月11日に17,640円で購入した。

けが30日の観光ビザを取れた。他の人たちは5日間の通過ビザだった。「日本のパスポートが最強だったわね。イギリスよりすごいわ」と旅のゴール、カイロでアンディが感心していた。

❸予防接種の費用

総額14万8840円

オアシス社の指示に従って、出発前に予防接種を受け、証明書のコピーを提出した。予防接種のないマラリアについては、「マラリアの予防薬は厚生労働省の制限で、最高3カ月分しか買えません。それに薬が高くて300日分はとても無理です」とオアシス社に相談した。

「予防接種や薬が、なぜそんなに高いのでしょう？　マラリアの薬はロンドンでもアフリカに入ってからでも買えますのでそこで購入してください。300錠で1万〜2万円ほどです」と回答があった。アメリカ人たちは保険が利き、マラリアの薬は無料だった。オランダ人のカレンは、ぼくの予防接種の記録を見て驚いた。

「オランダなら、こんなの数日ですべて受けられるわ。それにしても予防接種代が高すぎる。最新の高価なマラリア予防薬のマラロンでさえ、1日一錠、300日分で3万円よ」

予防接種代がこんなに高いのでは、日本からアフリカが遠のくだけだ。

❹海外旅行保険の費用

総額20万9710円

〈内訳〉

キャンベル保険　5万4640円（約401ポンド。11カ月分。オアシス社と提携保険会社）

AIU海外旅行保険　15万5070円（12カ月タイプ）

参加者の大半は、オアシス社推薦のキャンベル保険だけに加入していた。心配性のぼくは、緊急時に備え、2種類に加入したが、結果的にキャンベル保険一つで十分だった。

ドイツ人、デンマーク人、フィンランド人は、キャンベル保険に加入せず、各自で保険に入っていた。彼らの保険と単純に比較するのは難しいが、ぼくの加入した2つ目のAIU保険は、キャンベル保険の約3倍とかなり割高だった。デジタルカメラの盗難は、AIU保険でカバーした。もっとも病気やケガがなかったので何よりだった。

❺航空運賃

総額17万3150円

〈内訳〉

・成田～ロンドン（ヒースロー空港）10万円　（行き片道、全日空）
・ロンドン（ガトウィック空港）～ジブラルタル　（オアシス社の参加費に含まれていた）
・カイロ～成田　7万3150円　（帰り片道、エジプト航空）

実は出発前、少々弱気で万が一紛争に巻き込まれそうになったり、病気やケガをしたら無理せず我慢せず、見栄を張らず、その場からすぐに帰国しようと思っていた。そのため、往復の方が安いとはわかっていたが、どこからでも帰ることができるよう、片道切符にしていた。

❻小遣い　約50万円

おやつやビールを買う以外、小遣いの大半を占めたのがオプショナルツアーへの参加費。ジャングル探検、登山、ゴムボートの激流下り、優雅なヨットでの川下り、スカイダイビング、バンジージャンプ、遺跡めぐりなど、さまざまなオプショナルツアーが用意されている。

渡航前に資料が配布されるので、参加したいツアーを選び、費用を計算し、予算を組むことができる。ぼくは、最も参加費の高かったハイランドのマウンテンゴリラツアー（ルワンダ、半日約5万円）以外は、何に参加するかまったく決めていなかった。目的地へ到着する前にアンディから「こんなツアーがあるけれど参加する？　世界遺産よ」とそのつどアナウンスがあったので、それを参考にしてチョイスした。

バンジージャンプなどアクティブなスポーツが好きなジェフ、逆にスポーツにはまったく興味がないクリスでは、参加するツアーも違った。当然、費用にも大きな差が生じる。

また、参加者全員が裕福というわけではない。18歳のヘレン、26歳のコリンなどは、自分でお金を貯め、頭を使ってやりくりしていたが、終盤で所持金が少なくなり、「エジプトは近いから、また来る。今回のオプショナルツアーはパスする」と言ってあきらめたこともあった。かと思えば、シニア世代のシーラやスザーヌのように、金に糸目をつけずショッピングを楽しむ人もいた。シーラは手織りの布、民族衣装をたくさん買い込み、ときどきそれらを身につけては気分転換していた。スザーヌは、世界中の石の彫刻を集めるのが趣味で、マスクのような民族的なものやデザインがおもしろいものを数多く買っていた。現地のものはとても安いので大した金額にはならない。

ぼく自身はどうだったか。「一生に一度の大冒険」という思いがあったので、思い切り散財をした。空を飛ぶのが好きなので、何かといえば、仲間を募って飛行機をチャーターしたりした。フェリーもいつもファーストクラス。「疲れた」と言っては、プール付きの高級ホテルに泊まったりした。それでも一泊100USドル（約9700円）ほど。

くだものもよく買って食べた。贅沢な食事もした。だから、若い連中の小遣いの倍近く、50万円強は使ったと思う。月5万円の勘定だ。したがって、ぼくの場合、二重加入したAIU海外旅行保険代15万円と小遣いを加え、総計約185万円でアフリカを一周したことになる。

別れ際には、アンディにチップを渡した。これは〝気持ち〟だが、みんな渡していたようだ。欧米の旅行者は大抵、スタッフやガイドには最後にチップを渡している。金額はさまざまだ。

英語力について

ジブラルタルを出発して1カ月ほど経った、マリの首都バマコでのこと。キャンプさせてもらっているホテルの空き地に戻ると、もう一台、オアシス号のような大型バスが停まっている。アフリカントレイルズという会社のオーバーランドトラックだった。

コースはぼくたちとほぼ同じで、アフリカを一周する。そのバスには2人の日本人が乗車していた。久々に日本人に会えて、ぼくは大喜びした。60歳のヒサシさんと26歳のマユミさん。ヒサシさんは、元コンピュータエンジニアで、かつてヨーロッパ6000キロメートルを自転車旅行、カトマンズを一人でロバを使って旅行もしていた。おそらくモロッコからカイロまで一周旅行した最年長日本人だと思う。マユミさんは、福井出身の女性。建築関係の仕事に携わっているが、会社を半年間休み、アフリカ半周旅行へ出たそうだ。

「英語が通じなくて、彼らはちょっと苦戦しているみたい」とアンディが、アフリカントレイルズのリーダーから仕入れた情報をぼくに伝えてくれた。

3カ月後、カメルーンで彼らと再会した。「英語の案内がわからずに、オプショナルツアーに申し込み損ねたことがありました」というものの、英語が通じなくても、ヒサシさんはそれほど困った様子ではなかった。英語力など一切気にせず、大好きなカメラを片手に、心の底から旅を楽しんでいる様子だった。

「出発前、英語学校へ通ったのですが、上達しなかったんです（笑）。旅行の手続きも、英語学校の先生に協力してもらったの」と話していたマユミさん。ところが、カメルーンで会った彼女は、驚くほど英語力がアップしていた。「マユミはすごいんだ。いつも笑顔だし、料理がとてもおいしいから、彼女の料理当番の日が楽しみなの。その上、英語もとても上達しているから、もう問題なしね」と、彼女の仲間のカナダ人がぼくにそう話してくれた。

そこで「英語が心配だ、でもオーバーランドの旅をしてみたい」という人へ提案だ。

まずは、当たって砕けろである。英検準2級程度の力がある人は何も気にせず、そのまま飛び込んでみてはどうだろう。辞書を使えば、申し込み手続きは自分でできる。心配なら、英語のできる友人や先生に相談すればいい。この旅の参加条件に、英語力は関係ない。

英語がまったく話せないことが心配でたまらないなら、英語が話せる友人、英検準2級程度の友人を見つけて説得し、一緒に旅することをお勧めする。テントが2人一組だから。2人か4人、偶数人数で行くといい。もちろん、一人で参加しても、みんなで助け合うから大丈夫なのだが、実際、オアシス号にも夫婦、恋人同士、友人同士で参加している人々もいた。彼らが語らいながら支え合いながら旅する姿はとてもすてきだった。

長年、ぼくは留学の仕事に携わってきた。そのぼくが「正直、語学留学より効果があるんじゃないか」と思うほど、オーバーランドでは英語力が身につく。もちろん、オアシス号は英語学校ではないので、英語を教えてくれるわけではない。仲間のみんながおしゃべりなわけでもない。口をきかず、静かに旅を楽しんでいる人もいる。それでも、生活するために英語を使おうとするから、自然に身についていくのである。

大陸をバスで旅行するには

ヒサシさん、マユミさんは、NHKで放送されたアフリカトラック旅行の番組を観たのがきっかけで、アフリカントレイルズ社を知り、旅に出たそうだ。ぼくのオアシス号より、昼ご飯がつかない分、旅費は安かった。トラックはかなりボロボロだ。

今のところ、アフリカを一周するのはオアシス社（www.oasisoverland.co.uk）と、アフリカントレイルズ社（www.africantrails.co.uk）の2社だけのようだ。

動物の多い東アフリカ方面を3カ月ほどでまわるツアーを企画実施しているバス会社は、他にもいくつかある。グランツが言うには「オアシス社だけでも、ケニアから南アフリカの間は3台が同時に走っているんだ。道路も整備されている区間だし、キャンプ場には水も電気もあるからね。旅行者にとっても、快適に過ごせる国が多いから。でも、アフリカを一周しているのはこの1台だけなんだ」とのこと。

ボツワナで、オーバーランド旅行最大手と言われているノマド社のバスと、業界中堅のアカシア社のバスに遭遇した。ノマド社のバスのなかをのぞかせてもらって驚いた。やや固めだがクッションの利いた座席にはそれぞれテーブルが付いている。冷房も完備され、テレビも観ることができる。テントもきれい。その上、専従の料理人も添乗していたのである。スイス、ドイツ、オーストリアの年配グループが利用していたが、ぼくたちと違ってきれいな服装だった。彼らは優雅なバス旅行に心底満足しているようだった。

反対に、20代前半のバックパッカーが多かったのがアカシア社。オアシス社より料金も安い。ワイワイ騒ぎながら修学旅行みたいに楽しんでいるといった雰囲気だった。

なお、オアシス社のオーバーランドトラックは、アフリカだけでなく中近東、シルクロード、南アメリカなども走っている。オアシス号は、カイロが最終地点だったが、グランツの提案で希望者が10名と多かったので、ケビンたちはそのまま3週間、プラス約7万円の追加料金で、進路を北に取り、トルコのイスタンブールまで旅を続けていた。オアシス号は走れる道さえあれば、そんなことも可能なのである。

オアシス号のようなオーバーランドトラックでの旅は、生活している地元の人たちとの交流だけでなく、多国籍の参加者と同じ釜の飯を食う生活ができるのがいい。ときどきそれが苦痛に感じたり、疲れたりしたら、持参した一人用のテントで寝ればいい。みんなも放っておいてくれる。病気でもしない限り、干渉はない。旅慣れている、自立した人たちが多いので、想像

アフリカントレイルズ社のトラックバス。後輪2軸のオアシス号と違い、こちらは後輪1軸。西側は悪路が多いため、大陸一周には頑丈な後輪2軸が安心だ

アカシア社のトラックバス。座席（テーブル、シートベルト付き）は全部で24席。窓は開閉式で、冷蔵庫、鍵付きの個人用ロッカーがあった

以上に人とのコミュニケーションで悩むことはないはずだ。

持ち物について

オアシス社から事前に送られてきた持ち物リストを参考にしながら、ぼくが持参したものは次のとおり。これでバックパックは25キログラムほどになってしまった。でも、生活用品のほとんどが現地で買える。旅先で揃えても問題ない。

持っていったもの

一人用小型テント（網タイプでゴアテックスのフライヤー付き）、寝袋、マット、薬一式、ヘッドトーチ（頭につける懐中電灯、必須）、下着（パンツ・シャツ・靴下各7セット）、飴、夏と冬もの衣料（トレッキング用パンツ、半ズボンやシャツなど軽量各2セット）、水着、ゴーグル、ダウンジャケット、運動靴、帽子3種類、手袋、網（帽子につけて顔を覆う、蜂や蚊よけ）、双眼鏡、茶道具一式、抹茶6缶、歯ブラシ1ダース、チューブ5本、歯間ブラシ5ダース、薬用マウスウォッシュ3ボトル（かつて歯槽膿漏になったことがあり、予防のため歯医者から持たされたがこれが重かった）、タオル2枚、日本手ぬぐい4枚、髭剃りと替え刃、脱水症防止薬用水分補給パウダー、小型はさみ、水筒、電子辞書、ノートパソコン、目覚まし時計、めがね、ノート2冊、筆記用具、サングラス、ティッシュペーパー2箱、ナイフ、石鹸10個など。バスの中の室内履きとしてサンダルを持参したが、これはかなり重宝した。なお、オアシス社の持ち物リストの最後には「避妊具」とあった。

家族の説得について

マージェリンが「よく奥さんを置いて、出てくることができたわね。ポールが一人で行くと言ったら、私は許さなかったわ。ヒロ、いい奥さんじゃない」と笑っていた。予防接種に1年近くかかったが、それより何より大変なのが家族の許可だった。

ぼくには3人の子どもがいるが、「下の娘2人がまだ大学生なのに、これから仕事はどうするの？　いったいあなたは何を考えているの？」と妻。この言葉が一番胸に刺さったが、何とか承諾を得ることができ、夢が現実になった。妻にはとても感謝している。

あとがき

エチオピアを南北に走る高原地帯を北上中、道路わきにオアシス号を停めて、休憩タイムに入ったときのことだ。オアシス号の黄色のボディをめがけ、いつものように子どもたちが集まってきた。

そのあたりは、標高が高くて涼しいので、ぼくたちは長袖を着ていたが、子どもたちはみんな裸足、しかもヨレヨレのTシャツの下は裸。動くとかわいいおしりが丸見えだ。

そのなかの一人が寄ってきて、「ギブミー　ペン。ギブミー　ペン」と言い始めた。続けておしゃまな感じの女の子が「ギブミー　ペン。ギブミー　ペン」。気づけば、7人の子どもたちが、一斉に「ギブミー　ペン。ギブミー　ペン」と大合唱。

英語もフランス語も通じない。しかし、「ギブミー　ペン」だけは言えるようだ。

スコットランド人のロスが、「紙は持っているのか？　ないんだろ？　だったら、ペンはやらないよ」と強い口調で言った。意味がわからない子どもたちはぽかんとしている。

するとロスはしゃがみ込んで石を拾い、それで地面に"This is a PEN"と大きく書いた。

「"This is a PEN"これをお前たちにあげるよ」とロス。

「P、E、N、これがペンだ」とロスが繰り返すと、子どもたちも「ピー・イー・エヌ、ペン」と合唱した。みんな石を持ち、土に〝P、E、N〟と書き始めて、ワイワイ大騒ぎ。後から来た大人たちも地面に〝P、E、N〟と石で書きながら、何度も声に出している。

「ロス、君の英語の授業は最高だ」と思わず絶賛してしまった。本物のペンをもらうより、ずっとすばらしいプレゼントだ。

ピー・イー・エヌ、ペン。ピー・イー・エヌ、ペン……別れのあいさつも「ピー・イー・エヌ、ペン」だった。

日本へ戻ってからもつい思い出すのは、アフリカで出会った子どもたちの笑顔だ。ぼくは元気な子どもの姿を見るのが好きなんだと思う。

さて、ぼくは、2011年2月から三重県の菰野町《こもの》に来ている。

鈴鹿連峰の麓にある、日本の原風景が残っている町だ。

ここで、菰野を拠点に絵本の読み聞かせ活動をしている友人の手伝いをしている。

彼は、「ブックドクターしんちゃん」の愛称で、絵本を介して親子の絆《きずな》を育てようと全国の保育園、幼稚園、小学校を中心に、年間300回以上の講演や読み聞かせを行っている。

ぼくは、アフリカの国々で学校見学や訪問をさせてもらった際、よく日本の絵本の読み聞かせをさせてもらったが、日本もアフリカも子どもたちの反応は一緒だ。みんな目をキラキラ輝かせてダイレクトに感じたまま、こっちに向かってきてくれる。そんな子どもたちの笑顔を見ているだけでぼくはたまらなくうれしいのだ。

しかし、同時にある保育園で、授乳しながら赤ちゃんの顔も見ず、携帯でメールをしている母親、丸一日、まったくオシメを取り替えず、うんちでパンパンになったままの幼児を預けにくる母親がいることを知った。

これが、日本の子育ての現状なのか。ぼくはとても悲しくなった。

ブックドクターのしんちゃんからは、こんな話を聞かされた。

「幼い兄弟をアパートに放置した母親が、しばらくぶりに様子を見に帰ったら、次男はすでに餓死。長男は、散乱した部屋で生ごみをあさり、マヨネーズを吸って何とか生き延びていたそうだ。しかも、その痩せこけた長男が母親を見つけるなり『おかあちゃん。遅かったね、待ってたん』と言ったそうだ。どんなときでも子どもには信じる心がある、素直な心があるんだ。特に、母親には一点の疑いも持たないんだよ」

アフリカでは、食料が不足すると、子どもより先に親が食べることがある。それは、現地の複数のガイドから何度も聞いた話だ。また、ガイドの言った「Child is only way for parents to survive.（親が生き延びる唯一の道は子どもだ）」という言葉も耳に残っている。

ただ、それでも食卓には必ず愛があった。家族の絆の強さを感じた。限られた食事を妻も子どもも何人もいる大家族で分かち合って、一緒に、楽しげに食べている姿を何度も見かけた。

日本の事情とはあまりにも違う。だから、簡単に比べることはできないのだが、日本の子どもとアフリカの子ども、どちらが本当に「かわいそう」なのだろうか。

いずれにしても、アフリカでの経験を活かし、ぼくが教育コンサルタントとして日本の子どもたちにできることを一つひとつ実践していきたいと思っている。

そして、菰野町では以前から挑戦したかった農業も始める予定だ。農業があれば、人は大地に根ざして強く生きていける。そのこともアフリカで確信したぼくは、町の方々と子どもたちと一緒にできるプロジェクトをこの町で考えていこうとしている。

最初は、ただアフリカ大陸を見たいだけで、たいした目的もなく気軽に、とは言いつつ、やや緊張感もありながら、イギリスの冒険旅行会社の大陸一周ツアーに参加した。

はたから見れば、うわべだけの観光旅行かもしれない。それでも、ぼくは、アフリカのすばらしさを感じ学ぶことができたし、同時に日本のすばらしさもたくさん再発見できた。

そして本書は、ぼくが発見したこと、見聞きしたことをほぼそのまま紹介している。つたないところや、あるいは間違っているところもあるかもしれない。それでも本書を通じて、これまでアフリカに関心のなかった人が、さまざまな可能性を秘めたこの大陸に興味を持ってくれれば、ぼくの目的は達せられる。

ツアーだからこそ、誰でも行けるアフリカがそこにある。生命力にあふれたアフリカの人々に触れれば、たくましくなれる。また、世界各国から集まった仲間が一緒だから、想像以上に視野も広がる。

アフリカと、世界中の異文化が同時に堪能できる、まさに一石二鳥のオーバーランドトラックでの旅。ぜひ多くの日本人の方々に楽しんでもらいたい。

本当に、いろんなこと、いろんな自分が見えてくる。

なお、この本を作るにあたり、多くの方々にお世話になった。お名前を挙げて謝辞にしたい。

オアシス号のリーダー、グランツ、助手のアンディをはじめ、本文で紹介した愉快な旅の仲間たち。万が一のときに備えスタンバイしていてくれた、よしさん、みっちゃん、キム、よしと、えいじ、もとちゃん、ＥＤＩＣＭと、「九段さくらさくら」のみなさん、白砂さん、福島さん。ぼくが旅先から送った写真で、ブログを作ってくれた「北海道こどもじゅく」の松田さんと東さん、新潟県湯沢の塾「ジリッツ」の南雲さん。ご近所のみなさん。

そして、ぼくの旅を新書にしてくれた編集者の伊藤えりかさん、ご縁をくれた藤平佐知子さん、ぼくの原稿を直してくれたいのうえりえさんに、深く深く感謝します。

最後に、プー太郎を続けるぼくを、快くとはいわないまでも最終的にはいつも笑顔で送り出してくれる妻、ひろ美と、娘たち（なつ子、みな美、美里）、妻のご両親、いまだに心配をかけ続けている母、敏子さんに。

感謝しています、ありがとう。

２０１１年５月

浅井宏純

著者略歴

浅井宏純《あさいひろずみ》

一九五五年大阪府生まれ。
株式会社海外教育コンサルタンツ(EDICM)
前代表取締役。三三年間留学に携わる。
二〇〇九年、同社を退職しアフリカ大陸を一周するツアーに参加。
カナダの「クラスアフロート(世界を旅する洋上学校)」
前日本代表。NPO法人「未来の学校」理事。
著書に『知っておきたい! 海外留学の理想と現実』(岩波書店)、
『小・中学生の海外留学事情』(講談社+α新書)など。

幻冬舎新書 210

アフリカ大陸一周ツアー

大型トラックバスで26カ国を行く

二〇一一年五月三十日　第一刷発行

著者　浅井宏純
発行人　見城　徹
編集人　志儀保博

発行所　株式会社　幻冬舎
〒一五一-〇〇五一　東京都渋谷区千駄ヶ谷四-九-七
電話　〇三-五四一一-六二一一（編集）
〇三-五四一一-六二二二（営業）
振替　〇〇一二〇-八-七六七六四三

ブックデザイン　鈴木成一デザイン室
印刷・製本所　株式会社　光邦

Printed in Japan　ISBN978-4-344-98211-6 C0295
あ-6-1

幻冬舎ホームページアドレス http://www.gentosha.co.jp/
＊この本に関するご意見・ご感想をメールでお寄せいただく場合は、comment@gentosha.co.jp まで。